Home
Sweet
Home

Antoine Philias · Alice Zeniter

Home Sweet Home

l'école des loisirs
11, rue de Sèvres, Paris 6e

Loi n° 49.956 du 16 juillet 1949 sur les publications
destinées à la jeunesse : mars 2019
Dépôt légal : avril 2019

ISBN 978-2-211-23997-4

« Progress & Prosperity »
Devise de Cleveland.

«You put a textbook in front of these kids, put a problem
on the blackboard, teach them every problem, it won't matter.
They don't know our world but they know their own.
It's not about you or us or the system.
It's what they expect of themselves. »
Howard Colvin – *The Wire [4.10]*

« Mets un manuel devant ces enfants, écris un problème
au tableau, apprends-leur tous les problèmes,
ça n'aura pas d'importance.
Ils ne connaissent pas notre monde mais ils connaissent le leur.
Ça n'a rien à voir avec vous, nous ou le système.
C'est ce qu'ils attendent d'eux-mêmes.»
Howard Colvin – *The Wire [4.10]*

A.
C'est bien toi ?
Si oui, réponds-moi. Vite.
Je vais bien. Les petits aussi.
5 juin 2009, 19:37

Elijah Feldman
C'est bien moi. Je te cherche depuis un mois. Sur Google, je tape «Anna Wyczenski + Cleveland» ou «Anna Wyczenski + Cleveland + Slavic Village».
Rien. Ni sur toi ni sur les autres. On est redevenus invisibles. Même pas une photo. J'en viens presque à me demander si tout ça a bien eu lieu et si un jour on se reverra.
8 juin 2009, 11:35

Elijah Feldman
?
9 juin 2009, 18:12

Elijah Feldman
T'es là ?
11 juin 2009, 19:48

Elijah Feldman
T'es jamais là.
13 juin 2009, 09:48

A.
Je suis là. Désolée mais c'est la merde prévue. Peut-être même pire.
15 juin 2009, 19:44

Elijah Feldman
Raconte.
16 juin 2009, 18:55

A.
Je suis sortie de garde à vue. Mais j'ai l'impression d'y être encore.
16 juin 2009, 19:02

Elijah Feldman
Je suis désolé. Il faut qu'on te sorte de là.
16 juin 2009, 19:25

A.
Et toi ?
16 juin 2009, 19:28

Elijah Feldman
Euh… disons que je m'en sors un peu mieux.
16 juin 2009, 19:28

A.
Forcément.
16 juin 2009, 19:28

Elijah Feldman
Forcément.
Mon père a payé la caution direct.
J'ai atterri chez ma tante à New York.
16 juin 2009, 19:30

A.
Tu as réussi à avoir des nouvelles des autres ?
16 juin 2009, 19:31

Elijah Feldman
Non. Toi ?
16 juin 2009, 19:32

A.
Surtout Luka.
16 juin 2009, 19:32

Elijah Feldman
Je me demande parfois ce qu'on a fait.
Ce qu'on a vraiment fait.
Au moment de l'arrestation, je me répétais sans arrêt tout ça pour ça. Depuis, j'ai eu le temps de faire une sorte de bilan. Les moments forts défilent dans ma tête comme dans ces épisodes de sitcom en forme de best of. Il y en a tellement que c'est parfois dur à ranger, surtout que tu as sûrement eu des moments forts que je n'ai pas eus et vice versa.
16 juin 2009, 19:41

A.
Un vrai moment fort,
c'est la soirée d'Halloween.
16 juin 2009, 19:46

Elijah Feldman
Le tout premier atelier.
16 juin 2009, 19:46

A.
Shark s'était endormi.
16 juin 2009, 19:47

Elijah Feldman
La fois où Bart a voulu nous raconter la Bible en entier.
16 juin 2009, 19:48

A.
Le cimetière sous la neige…
16 juin 2009, 19:48

Elijah Feldman
Le cimetière sous la neige.
Les interminables réunions dans le réfectoire.
Le soleil qui se lève quand on se couche.
Les chansons de Dean et Lily. Tout ce qu'on a pu apprendre et désapprendre.
Les angoisses et les joies. Ton sourire.
16 juin 2009, 19:50

A.
Je souris là. Et je suis un peu triste aussi.
16 juin 2009, 19:52

Le Vaste Bordel
(2008)

Anna

L'eau brûle.

J'invente pas. Venez à Cleveland si vous me croyez pas.

Y a eu au moins treize incendies sur la rivière Cuyahoga.

Cuyahoga en mohawk, ça veut dire *rivière maudite*. Et vu comment on a foutu leurs terres en l'air, ça m'étonnerait pas que les Mohawks aient jeté un sort à la flotte.

Il existe une photo. Elle a fait la couverture de *Time Magazine* pour bien montrer que Cleveland est une ville pourrie. Tout le monde croit que c'est l'incendie de 69 mais en vrai, c'est celui de 52. Même les dates on n'y arrive pas.

La rivière a cramé parce qu'on l'a prise pour une poubelle. Quand on croit que l'argent est le cinquième élément, tant pis pour les autres éléments.

Tant pis si l'air part en fumée.

Tant pis si on cache nos os sous la terre.

Tant pis si l'eau se mêle au feu à cause de nos déchets.

On ne fait pas la révolution sans casser des œufs. La révolution industrielle a cassé tous les œufs. Si t'as déjà joué aux Lego, tu sais que le truc bien quand on casse tout, c'est de tout reconstruire. C'est moins amusant mais c'est plus constructif. Et je fais pas ce jeu de mots pour faire la maligne. Faire le malin, c'est ton truc. Moi, jamais je parle pour rien. Si je dis ça, c'est parce que à toute histoire y a un point de départ.

La nôtre commence en 2008 mais, si on creuse un peu, on se rend compte qu'en vrai elle avait déjà commencé en 1970. En 1970, les jeunes de Cleveland en ont eu marre. Ils ont marché du campus à la rivière pour dire stop la pollution. La pollution a continué.

Mais il y a toujours des jeunes. Cette année, les jeunes c'était nous. On en a eu marre. On a marché. La merde a continué. Mais de toutes nos forces on a marché.

Et je sais pas toi mais moi, je marche toujours.

Elijah

Moi, avant de te rencontrer, je faisais du surplace.

L'eau pouvait bien brûler, j'étais toujours à l'abri.

Pas besoin de rivière quand on a une piscine. Pas besoin de reconstruire quand tout est solide et que, si on reste immobile, rien ne se cassera jamais la gueule.

Et puis il y a eu le Vaste Bordel.

Le Vaste Bordel a commencé en juillet quand mon père s'est fait licencier. Au début, il me cachait la vérité comme si c'était normal de le voir en peignoir manger des céréales au bord de la piscine un jeudi après-midi. Il ne se doutait pas qu'avec Internet on ne pouvait rien me cacher. En quelques clics, j'ai vite compris qu'un truc pas clair se tramait, que la faillite de sa banque était le résultat d'une réaction en chaîne catastrophique qui allait impacter notre famille, celle de mes amis et l'Amérique tout entière.

Une crise. Comme celle dont nous avait parlé M. Harrison, le prof d'histoire. Celle avec la poussière, le rationnement et les ouvriers en exil. Moins d'un siècle plus tard, c'était reparti. Et comme les ouragans, il faut baptiser une crise. Lui donner un nom qui en jette et qui fait qu'on fera gaffe la prochaine fois. Sauf que là, le gars qui a trouvé le nom *crise des subprimes*, il vaut rien. C'est quoi un subprime d'abord ? L'immobilier, la Bourse et les taux d'intérêt, mon père n'a pas su ou voulu m'expliquer. Pour ça, je me suis tourné vers le copain Joey qui avait toujours été meilleur que moi avec les chiffres. Joey, il dit que les riches ont voulu se faire du fric sur le dos des pauvres en leur prêtant de l'argent que les pauvres n'ont pas pu rembourser parce qu'il n'existait pas en vrai cet argent. Alors les pauvres ont perdu leur maison et leur travail, les riches ont perdu de l'argent et les méga riches ont remporté la mise. Le casse du siècle. Les gamins de Glenville, Fulton et Fairfax ont disparu, le poste de banquier de mon père a disparu et son patron s'est payé des vacances en Suisse.

Merci Joey, j'ai tout compris.

Anna

Au début, Cleveland, c'était quatre types.

La première fois qu'on m'a raconté ça, j'ai eu du mal à l'imaginer : quatre types serrés les uns contre les autres pour se tenir chaud. Maintenant, ça me paraît plus si impossible. Peut-être que bientôt on y reviendra.

Tout le monde fout le camp.

C'était plus facile d'attirer les gens à l'époque de mes grands-parents. Quand ils sont arrivés de Pologne, le rêve américain paraissait encore possible ici. Si on bossait dur, on devenait milliardaire. C'était la ville de Rockefeller et de la *Standard Oil*. La ville de la Vieille Arcade avec ses cinq étages de boiseries et de palmiers, sa verrière, les motifs à l'ancienne des barrières en fer forgé. En s'y promenant, on pouvait croiser le secrétaire d'Abraham Lincoln, fumer un cigare avec le roi du charbon ou boire un coup avec le fondateur de la Western Union. Le gratin, comme on dit.

Et si on dit ça, on peut aujourd'hui dire que, du gratin, il reste juste la croûte un peu trop cuite parce qu'on a mal réglé le four. Ceux qui ont les moyens sont partis, soit vers les banlieues chics, soit dans une autre ville, peut-être même dans un autre État, en laissant bien loin derrière eux cette capitale du naze. Ici, on appelle ça le *white flight*, l'envol blanc. Je trouve ça joli comme expression. J'imagine le ciel se remplir de draps immenses. Mais en vrai, c'est moche parce que ça veut dire que les classes moyennes blanches ont déserté le centre dès qu'elles ont compris comment Cleveland tournait.

Ceux qui sont restés, c'est les Afro-Américains, les Latinos, les Polacks et quelques pauvres clampins de Hongrois qui préfèrent la pollution au communisme ou je sais pas quoi. Une bonne grosse bande de losers qui se sont installés dans les mêmes quartiers pourris pour les rendre encore plus pourris. Chez moi, par exemple. Le Slavic Village est le royaume de ceux qui se sont pété le dos au travail sans jamais devenir Rockefeller, sans jamais *comprendre* pourquoi ils sont pas devenus Rockefeller.

Ce qui me dégoûte le plus avec la génération de mes parents, c'est leur espoir : toujours déçu, jamais abandonné. Quand on les écoutait, les choses allaient forcément s'arranger. Ils étaient du genre à croire les maires qui promettaient un come-back de la ville. Ils voyaient Cleveland comme une vieille chanteuse adorée que ses fans attendent toujours. En 2004 et en 2006, quand Cleveland a gagné le titre de *plus pauvre des grandes villes américaines,* ils ont continué d'y croire, comme ils croyaient que mon père allait retrouver un emploi, comme ils croyaient dans leurs meilleurs moments que ma mère irait à des cours du soir décrocher un équivalent du bac.

Il a fallu attendre 2008 pour que même mes parents arrêtent d'y croire. Jusque-là, ça les dérangeait pas d'avoir les pieds dans la merde. 2008, c'est le moment où on a commencé à s'y enfoncer.

Elijah

Je me suis levé un matin, l'été était fini et mon père signait les papiers que lui tendaient les déménageurs. La télé c'est pour moi. Le piano pour ma femme. Le canapé sur le trottoir. Il avait un beau costume, s'était rasé, donnait l'impression de contrôler la situation. La situation, c'était revendre la maison, dormir à l'hôtel et chercher du travail pendant que ma mère se la coulait douce en Floride avec Elliott, un type louche qui, une fois, m'avait laissé conduire sa Porsche en secret. Plus le camion se remplissait de nos souvenirs, plus mon père avait l'air abattu. Des décennies à accumuler ce qui s'empaquetait en une matinée. J'ai voulu dire quelque chose mais, depuis qu'il avait mis aux ordures mes vieilles cartes de base-ball, je m'étais promis de ne plus lui adresser la parole.

Je comptais les vendre pour financer ma grande évasion.

Il était prévu que je monte dans un train pour Columbus afin de débuter mon internat à l'université de l'Ohio. Ce n'était ni Yale ni Harvard mais, au vu de mes résultats décevants et des finances familiales, pas question de faire la fine bouche. La brochure promettait un cursus haut de gamme dans un cadre pittoresque, l'opportunité de rejoindre les futurs leaders du monde. Le futur me semblait bien trop loin et j'avais déjà appris tout un tas de trucs, alors j'ai préféré déclarer mon indépendance et prendre la route comme tous les vagabonds de la crise de 29. Mon père n'en saurait jamais rien. Il adorait Bob Dylan et Bob Dylan disait que, quand *tu n'as plus rien, tu n'as plus rien à perdre*. Ma mère était trop occupée à revivre ses vingt ans pour se soucier de ma disparition. Mon plan était impeccable.

Mon sac à dos habitué aux manuels scolaires était rempli du matériel de survie : lampe de poche, couteau suisse, boussole, parka moutarde, harmonica, quelques livres et un carnet pour que tout soit noté, pour la postérité. En me voyant étudier des cartes en cachette pendant la récré, Joey avait dit que j'étais bien trop fragile pour une aventure aussi risquée. Joey était jaloux. Pendant qu'il allait s'emmerder chez les scouts, je serais en train de voir ce que ça fait *de pas avoir de chez-soi, comme un parfait inconnu, comme une pierre qui roule*.

Quand il m'a déposé à la gare, mon père m'a filé trente dollars et a recommencé à faire semblant que tout irait bien, qu'on se verrait un week-end sur deux et que l'équipe des Browns irait au Superbowl. Sans prévenir, il m'a pris dans ses bras et, comme il n'avait pas fait ça depuis la fois où j'avais failli mourir en tombant de vélo, ça m'a fait quelque chose. Sa voiture a disparu dans un embouteillage et m'a laissé orphelin. Libre et triste.

Anna

Ma mère répétait tout le temps qu'il fallait que j'aille à l'école pour pas refaire les mêmes erreurs qu'elle – elle voulait dire moi, je suis la première et la plus grosse erreur de ma mère. Je crois qu'elle avait vraiment envie que je réussisse mais elle me collait sans arrêt les jumeaux dans les bras. Avec elle, ils pleuraient tout le temps alors qu'avec moi, jamais.

Les jumeaux et moi, on s'est toujours bien entendus. Même avant qu'ils parlent, je savais qu'ils étaient gentils et drôles, des super petits frères.

J'ai dû leur apprendre la vie. Ça a pas été facile : mes parents leur pesaient dessus de tout leur poids comme s'ils avaient voulu les déformer. Déjà, ils leur avaient donné des prénoms polonais impossibles à écrire, en hommage à une famille perdue dans la neige de l'autre côté de l'Atlantique : Krysztof et Boguslaw. Chaque fois qu'un maître d'école, une nourrice ou une assistante sociale découvrait le prénom de mes frères, je voyais son visage se tordre comme devant une merde de chien. Leur filer un nom pareil, c'était prendre le risque que personne les appelle jamais. C'est moi qui leur ai dit que, maintenant, ils devaient se présenter comme Chris et Bog et tant pis pour nos arrière-grands-parents, ils s'en remettront.

Chris et Bog, j'ai aussi dû leur apprendre que c'est pas OK d'appeler les Afro-Américains des Nègres, les Latinos des Tacos et de prétendre que les Asiatiques existent pas tellement ils sont *discrets*. Non seulement c'est pas OK mais c'est le meilleur moyen de se faire casser la gueule en rentrant de l'école. Nos vieux s'en rendent pas compte parce qu'ils sont habitués à ne vivre qu'entre eux : le petit club des immigrés polacks qui boivent de la vodka par nostalgie et pas par alcoolisme, qui se rappellent chaque dimanche qu'ils sont cathos, qui jurent encore avec des accents slaves. Le monde est un endroit bien trop grand pour eux.

Alors quand mon père a annoncé le déménagement, ça m'a surpris. La situation devait vraiment être merdique. Il était question qu'on s'entasse tous les cinq dans la vieille bagnole et qu'on cherche *de nouvelles opportunités* du côté de Chicago. Repartir de zéro, j'étais pour. La veille du grand départ, j'ai mis dans une valise nos pulls les plus chauds et j'ai fait signe aux jumeaux de me suivre.

Le Slavic Village dormait. J'avais les yeux grands ouverts.

– On va où, Anna ?

– À l'école.

Septembre

Elijah

Le premier jour du reste de ma vie, j'ai dépensé l'argent de mon billet de train dans un paquet de cigarettes pour voir ce que ça fait. Ça m'a fait tousser et j'ai dû aller à la pharmacie acheter un sirop pour la toux. La codéine m'a tellement assoupi que je me suis réveillé le deuxième jour sur le banc d'un jardin public. Un cygne a essayé de me voler ma barre chocolatée. J'ai pris le bus jusqu'au musée d'Histoire naturelle où j'ai passé l'après-midi à me cacher parmi les animaux empaillés. Je ne savais pas que l'okapi existait en vrai. Le troisième jour, j'ai fait les cent pas sur Ontario Street. Le quatrième jour, j'ai fait la manche avec mon harmonica au milieu de la 4e Rue et n'ai récolté qu'un bout de sandwich et quelques dollars canadiens. Le cinquième jour était un dimanche. J'ai voulu nager dans le lac Érié mais comme j'avais peur qu'on me vole mon sac, je suis resté sur la rive. Un cygne a essayé de me déloger. Je me suis dit que c'était une conspiration. La deuxième semaine, j'ai trouvé un coin tranquille près du port où j'ai pu dormir sans crainte, voler des fruits aux dockers et relire *La Communauté de l'Anneau*. Je sentais mauvais. Un clochard m'a interdit d'utiliser les douches communes où il avait élu domicile. La troisième semaine, j'ai élu domicile dans un motel qui sentait encore plus mauvais que moi. À la réceptionniste, j'ai dit que je m'appelais Sal Paradise, elle a dit que le distributeur de boissons était en panne. Tout l'argent de poche y est passé mais je le regrette pas parce que j'ai pu regarder à la télé des programmes qu'on m'interdisait jusqu'ici, des trucs un peu gore de dragons et de zombies. Je me suis nourri de chips et de sodas et j'ai appris à faire un *fa*.

La quatrième semaine a été la pire. Fauché, j'ai quitté le motel et me suis installé dans un carton sous le Fulton Road Bridge. Un mec pas clair m'a menacé avec un couteau alors j'ai erré sans but avec l'estomac creux. En passant la nuit sur le campus de l'université locale, j'ai eu un gros coup de blues, je venais de renoncer à mes études et à toutes les rencontres que j'aurais pu faire là-bas. Il s'est mis à pleuvoir et j'ai voulu m'abriter à l'hôpital. Une infirmière m'a expliqué que pour passer la nuit il fallait être presque mort ou tout à fait riche. Perdu et affamé, j'étais à deux doigts de déclarer forfait et de monter dans ce train pour Columbus.

Sans faire exprès, j'ai atterri au Slavic Village.

Anna

Depuis qu'ils l'avaient fermé, je rêvais de m'emparer du bahut. Je venais parfois traîner autour des murs d'enceinte en rêvant à tout ce qui pourrait exister dans un bâtiment pareil si on me le confiait. Les élus parlaient de le raser, de le revendre à une banque, je crois qu'il y a même eu un projet de grand magasin un peu chicos. Pas une seconde ils ont envisagé la possibilité de le rendre aux gens du quartier, pas une seule fois ils ont demandé aux gens du quartier ce qu'ils aimeraient que le bâtiment devienne. Tous des crevards.

Une fois entrée avec les petits, j'ai découvert qu'à l'intérieur, c'était le bordel, et à la première pluie, j'ai dû accepter le fait que le lycée était pas étanche. Y a vraiment des problèmes de construction dans ce pays. En Europe, ils ont des châteaux et des cathédrales qui tiennent debout depuis des siècles et nous, on a pas un seul bâtiment public qui ressemble à quelque chose après dix ans – embaucher mon père sur les chantiers a sûrement pas aidé. J'aimerais bien, un jour, voir un truc résister au temps.

Pendant la guerre froide, des milliers d'Américains ont creusé des abris anti-atomiques dans leur jardin. Le Winston High serait notre abri anti-adultes. Mon plan se résumait plus ou moins à ça quand j'ai poussé la grille avec les jumeaux au milieu de la nuit.

Oliver et Shark nous ont rejoints dès le début. Ils ont débarqué dans le lycée en se croyant seuls et ils ont commencé à tout casser, comme ça, pour le plaisir. J'aurais pu les foutre dehors mais j'avais aucun droit sur le bâtiment et pas du tout envie de me comporter comme mes vieux qui devenaient dingues si quelqu'un avait le malheur de se garer sur le bout de trottoir qui nous appartenait. Alors j'ai établi la première règle du Winston High : tous ceux qui avaient moins de vingt et un ans et refusaient de suivre leurs parents dans la course à la catastrophe pouvaient venir ici. Quand je voyais les deux nouveaux jouer les gros durs dans les couloirs, je voulais que les jumeaux restent enfants pour toujours. Les mecs sont globalement débiles mais quand ils grandissent, y a plus rien à en faire. Oli, je l'avais gardé certains soirs où ses parents partaient au bowling et je peux pas dire que ça m'a réjouie d'avoir à l'accueillir ici. Shark était plus jeune et comme Oli était son modèle, il répétait les mêmes conneries. Son vrai nom c'était Ray mais il voulait qu'on l'appelle Shark. C'était son surnom de boxeur. J'ai dit OK. Ici, on s'appelle comme on veut. Deuxième règle.

Après, y a eu Dalila. Dalila était deux ou trois ans en dessous de moi à l'école primaire, avant que ses parents l'envoient dans un établissement ultrareligieux avec un nom à rallonge, genre l'école de l'Église du Septième Jour du Troisième Saut ou je sais pas quoi. Elle a réussi à s'échapper par miracle et quand je l'ai appris, j'ai envoyé Shark lui proposer de nous rejoindre. Elle a débarqué au début de l'été.

Dalila a voulu qu'on prévienne Shonda mais Shonda a même pas tenu une journée. Quand je lui ai demandé si elle avait un téléphone, elle a sorti un machin rose pailleté et quand je lui ai demandé de le détruire, elle a crisé direct. Désolée, mais on est pas au centre aéré. En partant, elle a promis de révéler notre planque à personne. Je lui ai dit t'as intérêt, ça serait dommage qu'il t'arrive quelque chose. J'avais entendu ça dans un film. Shonda s'est faufilée sous le grillage, on l'a jamais revue.

Dean et Lily, au début, j'ai cru que c'était un couple mais en fait, ils étaient frère et sœur. Ils arrivaient du quartier de Fulton. Je les connaissais pas mais on voyait souvent leur père, le révérend Templeton, en photo avec le maire dans les journaux. Ce que les journaux racontaient pas, c'est que c'était peut-être un bon révérend mais c'était surtout un père violent. J'ai dit à Dean et Lily, pas de souci, ici il vous retrouvera jamais.

Luka et moi, on avait le même âge. C'était un Polonais, lui aussi, et je crois qu'il était amoureux de moi en primaire mais non merci. Ses vieux avaient l'épicerie du coin et parfois, c'était ce grand machin tout maigre qui tenait la caisse et me filait des clopes en douce. Quand la boutique a fermé, Luka a récupéré un max de provisions et il s'est pointé avec. Du coup, il s'est autoproclamé chef du stock et cuisinier du Winston High.

Quand il est arrivé, il tenait par la main un gamin minuscule et binoclard qu'il avait rencontré devant les grilles.

– Qu'est-ce que tu fais là, Bart ? j'ai demandé d'un ton sévère parce qu'il me paraissait vraiment trop jeune pour nous rejoindre.

– J'adore les aventures, il a dit très sérieusement, comme s'il citait ses diplômes.

C'était une excellente réponse, je l'ai laissé entrer.

Et puis y a eu Zhou, totalement sortie de nulle part. On ne pouvait pas savoir ce qu'elle faisait là parce qu'elle parlait pas. Après deux jours de questions sans réponse, j'ai dû accepter qu'on avait hérité de sa petite présence muette. Son prénom, je l'ai appris que parce qu'il lui arrivait de signer ses dessins.

En comptant les jumeaux et moi, on se retrouvait donc à onze. C'est bien onze. Ça suffit onze. Sauf qu'il a fallu que tu ramènes ta fraise.

Elijah

Ma mère m'a toujours dit : le Slavic Village, ne t'y promène jamais seul. J'aurais dû l'écouter. Ne pas m'aventurer à l'est de la ville. Mais quand il s'est mis à pleuvoir, je me suis dit que le Winston High serait un bon refuge. Elle avait beau avoir fermé ses portes il y a moins d'un an, la vieille école publique donnait l'impression d'être abandonnée depuis un demi-siècle. *Établie en 1919* disait l'écriteau qui pendait lâchement à l'entrée, sur une grille cadenassée. Un océan de lierre engloutissait les hauts murs de brique et une antique fontaine de marbre était recouverte de tags. *Dégage Bush. Fuck Wall Street.*

– T'as perdu ta maman ?

Deux gamins surveillaient leur royaume, affalés sur les marches d'un bus scolaire hors service. Ma parka détrempée n'était rien comparée à leurs fringues pleines de trous. J'étais plus vieux, plus grand mais, face à eux, je me suis senti moins que rien. J'ai fait demi-tour mais ils en avaient après mon sac. Je croyais que mon été de vagabondage m'avait appris l'art de la rue mais ils m'ont assommé. J'étais de retour dans la peau du petit bourge à qui on vole son goûter à la récré.

Je me suis réveillé dans un vestiaire qui sentait le fromage qu'on vient de vomir. Ligoté pile sous la pomme de douche. Menacé par un potentiel déluge d'eau froide et par la batte de base-ball avec laquelle Oliver marquait des home runs invisibles. C'était lui le chef, lui qui parlait le plus fort. La cicatrice sur son front était bien plus *badass* que mon semblant de moustache. Sans partager avec son camarade, le fumier s'est enfilé mon sachet de M&M's tout entier. Quand mon estomac a commencé à faire du bruit, ça l'a amusé, un rien comblait son manque d'excitation. J'ai toujours aimé faire mon intéressant mais jamais contre mon gré. Se faire bizuter à l'université aurait été moins humiliant. L'autre gamin était plus petit, plus trapu. Il devait avoir à peine neuf ans et déjà une carrure de boxeur. Il jouait le caïd devant son pote mais il suffisait d'un moment d'inaction pour qu'il redevienne un gros bébé émerveillé par les pages de mes bouquins. En échange d'un bonbon ou d'une lecture, il m'aurait redonné ma liberté. Mais Oliver veillait et la journée s'est écoulée sans qu'on m'explique le comment du pourquoi.

Au moment où je commençais à m'endormir, la porte s'est ouverte, la lumière d'une lampe torche est venue m'exploser les rétines et une voix m'a ordonné de me relever. Une voix autoritaire, assurée, pas celle d'un voyou qui veut impressionner, plutôt un adulte prêt à tirer des oreilles.

– Qui est responsable de ça ?

Ça, c'était moi. La voix, c'était toi.

Anna

Direct, j'ai vu que tu venais des beaux quartiers. Et c'est pour ça que ton intrusion était dangereuse. Les gamins comme toi avaient des parents capables de prendre soin d'eux et de prévenir la police s'ils manquaient à l'appel. Les nôtres avaient juste dû faire trois tours de quartier dans leur bagnole pourrie avant de lâcher l'affaire. Toi, j'imaginais ton père au téléphone avec le gouverneur et le gouverneur qui répondait genre *bien sûr, Mick, viens prendre un whisky à la maison et nous parlerons de la manière de régler ce problème.*

Pris en flagrant délit de connerie, Oli faisait moins le malin. Il marmonnait des excuses, se justifiait en passant ses doigts sur son crâne lisse :

– Le bourge rôdait dans le secteur, j'ai fait mon boulot. Pas d'intrus, c'est la règle.

– Pas de violence, c'est un ordre. Il a un téléphone ?

– Non.

Luka t'a inspecté longuement avec tout le mépris autorisé par sa taille.

– Qu'est-ce que vous voulez qu'on fasse d'un type pareil ?

– On pourrait demander une rançon, a répondu Oli.

Pour lui, pas de différence entre la réalité du Winston High et les séries télé qu'il regardait chez ses parents pendant que son père enchaînait les Budweiser. Shark souriait comme si la rançon était l'idée du siècle :

– Moitié cash, moitié bouffe, a précisé Oli.

– Il faut aussi des jouets, a zézayé Chris.

– Et moitié jouets, a ajouté Oli.

Applaudissements. Le populisme, avec les tout-petits, ça marche super. Oubliez la fraternité, la justice et tout le reste : si les maternelles avaient le droit de vote, ils éliraient le premier à leur promettre des Playmobil.

Elijah

Je n'étais pas ta seule victime. Tu avais ensorcelé toute une tribu. Des gosses de tous les âges et de toutes les couleurs entassés derrière toi pour entrevoir la bête de foire. Votre seul point commun, c'étaient les cheveux. Vous n'en aviez pas. Plus beaucoup en tout cas. Comme mon cousin Billy quand il a rejoint l'armée. Toi, tu portais un bonnet en laine noire, un bonnet de mec, le genre que portaient les skateurs dans mon lycée, sauf que sur toi, je ne sais pas pourquoi, ça faisait plutôt cambrioleur.

Tu as confisqué la batte de base-ball et fait signe à tes disciples de foutre le camp. Oliver a dit que si on pouvait même plus s'amuser autant retourner à l'école. Tu as fait comme si tu n'avais rien entendu et as refermé la porte sur les chuchotements de la foule.

Pour la première fois, on était juste nous deux.

Avec toute la force que je n'avais plus, tu m'as remis sur pied. Mon corps ankylosé, des fourmis à chaque extrémité et les cheveux ébouriffés, pas l'idéal pour une première rencontre. Tes lèvres étaient tellement fermées que, pour le premier mot, je me suis jeté à l'eau. Un bonjour ? Un prénom ? Sur le moment, l'ironie m'a semblé une meilleure option.

– Le comité d'accueil est charmant, bravo à toute l'équipe.

Il y a eu un silence puis un sourire puis ta main a actionné sans prévenir le robinet de la douche. Froide.

– Quand on s'invite chez nous, faut être un minimum propre.

J'étais trempé mais quand même, je souriais.

Anna

Franchement, je t'aurais bien enfermé et privé de tes affaires. Seul dans une douche de gymnase, sans portable et sans contact avec les autres, tu perdais tout potentiel de nuisance. Mais ça nous aurait obligés à devenir des matons et à transformer une partie du Winston High en un Abou Ghraib miniature. Alors, quand tu as été sec, je t'ai offert le grand tour du bâtiment en faisant bien exprès de passer devant chaque tuyau pété, chaque mur pourrissant… J'espérais qu'en voyant l'étendue du bordel – tous ces petits qui courent partout et qu'il faut nourrir, le toit qui fuit, etc. – tu allais gentiment faire demi-tour et rentrer dans tes beaux quartiers. Au lieu de ça, t'avais l'air ravi et me posais des questions comme si j'étais une star.

– Moi c'est Elijah. Toi ?

– Fais gaffe à la marche.

– Il est incroyable cet endroit.

– Touche pas à ça, tu vas choper le tétanos.

– C'est original votre coupe de cheveux.

– Les poux les ont mangés.

– J'imagine que vous êtes super bien organisés pour vivre ici…

On faisait comme on pouvait. L'eau, on l'avait encore mais la ville allait bien finir par capter qu'elle approvisionnait un bâtiment hors d'usage et couper l'accès. L'électricité, on avait cru qu'il y en avait plus jusqu'à ce que je trouve le gros compteur aux boutons de cuivre et relève la manette. Les derniers occupants l'avaient simplement éteint sans réfléchir, sans penser par exemple à vider les congélos de la cantine. On avait dû nettoyer d'énormes armoires réfrigérantes pleines de lasagnes puantes et de poissons panés retournés à la flotte. Il restait les conserves, le riz, les pâtes. Pas assez pour tenir tous ensemble pendant des mois. Et puis ça aurait été con de choper le scorbut. On apprenait à l'école que cette maladie avait frappé les premiers colons venus fonder l'Amérique parce que les types avaient oublié d'embarquer des fruits pendant leur traversée de l'Atlantique. Nos cales à nous en contenaient pas non plus alors, même si c'était risqué, on allait se servir dans les réserves du dehors.

Pendant les raids, Oli et Shark s'aventuraient toujours un peu au-delà des périmètres que j'avais fixés. Un jour, il allait falloir que j'aie avec eux une petite discussion sur la différence entre l'audace et l'avidité. L'audace, c'est bien, c'est nous, c'est l'enfance, c'est descendre en rollers les escaliers du mall, sauter dans la fontaine gelée, allumer une cigarette dans les toilettes du collège. L'avidité, c'est par là que tout pourrit. C'est le royaume des adultes. Ils le savent bien eux-mêmes, d'ailleurs, que l'avidité est une saloperie. C'est pour ça qu'ils essaient sans arrêt de nous faire croire qu'ils sont audacieux. Les chefs d'entreprise avaient tous ce mot-là à la bouche quand ça a commencé à se casser la gueule. *Les temps sont durs mais ne vous recroquevillez pas sur vous-mêmes, Be bold ! L'avenir appartient aux audacieux, etc. etc.* Tu parles. Vouloir quatre bagnoles à la place d'une seule, c'est pas de l'audace. Vouloir une maison qui fasse la taille d'un parc à thèmes non plus. Vouloir dormir sur un lit de billets verts, vouloir faire crever le voisin d'envie, vouloir toujours plus gros, toujours plus haut, c'est rien que de la pourriture d'avidité. Oli et Shark hésitaient entre les deux. Je sais pas s'ils avaient les yeux plus gros que le sac à dos quand ils partaient chaparder ou si c'était le plaisir de traverser la frontière que j'avais établie qui les faisait frétiller. C'était pas vraiment leur faute, OK. Dans les quartiers minables de la ville, c'est pire pour les mecs: on leur apprend très tôt à devenir avides. Même la pluie les empêchait pas de pousser plus loin les raids. Ils revenaient dégoulinants, frigorifiés mais quand ils sortaient de leurs sacs des Oreo ou des canettes de Pepsi, les petits leur faisaient tellement la fête qu'ils oubliaient la menace de tuberculose.

– Et personne s'est jamais fait repérer?

Notre première conversation et déjà, tu posais les questions qui fâchent.

Elijah

On était au beau milieu de l'escalier, un escalier en bois qui plus on monte plus il craque et tu t'es arrêtée net.

– Une fois. C'est arrivé une fois.

C'était arrivé à Sophia, la sœur de Dalila. Je ne voyais pas encore qui était Dalila mais avant d'avoir eu la chance de la rencontrer, tu m'as présenté sa tristesse.

–Y a eu un jour de soleil et j'étais OK pour que les petits sortent hors de l'enceinte. J'ai dû leur dire de se planquer mais j'ai dû leur dire avec moins de conviction que d'habitude parce que… Ils sont revenus sans Sophia. Elle a pas réussi à courir assez vite. Elle était trop bien élevée Sophia, trop gentille. Les flics l'ont chopée.

– Qu'est-ce qu'elle est devenue ?

– Elle a été placée, je pense.

Dans ta bouche, ça sonnait comme si elle avait été enfermée à Guantanamo et lobotomisée.

– Dalila est devenue folle. Elle tapait dans les murs, voulait la faire évader. Elle se croyait dans *Prison Break*. Mais on peut pas se permettre d'attirer l'attention alors elle a fini par se calmer. Elle a fait passer la communauté avant ses intérêts. T'es prêt à faire ça, Elijah ?

C'était mon premier jour au Winston. La visite m'avait étourdi.

– Je signe où ?

Anna

– Ça va me foutre le bordel dans mes stocks…

– Luka…

– Qu'est-ce que ça bouffe un gars comme ça ? Du caviar ?

– Luka…

– Et puis c'est pas un nom ça, Elijah. Ça veut dire quoi ? Je suis contre.

Bien sûr qu'il était contre. C'était son mode par défaut à Luka. Même quand il était pour, il était contre. Quand il disait oui, il disait oui mais. Oui Anna je veux bien rejoindre ta petite communauté mais à condition d'en faire une démocratie. Oui Anna je me charge de la cuisine mais alors pour la vaisselle, va falloir organiser un roulement. Ensemble, on avait inventé le système de répartition des tâches dans Winston. Ça donnait ça :

MÉNAGE
sol
rangement
sanitaires

CUISINE
raids
préparation de la bouffe
mettre la table et la débarrasser
vaisselle

FRINGUES
lessive
raccommodage

SURVEILLANCE de toutes sortes de problèmes
toit
rondes

Chacun pouvait en choisir une mais la deuxième était tirée au sort. Luka avait même fabriqué deux gros dés en carton dont les faces affichaient les corvées. Chaque semaine, on se réunissait pour les faire rouler et voir ce qu'on récoltait. Les petits prenaient ça comme un jeu puisqu'il y avait des dés. Sans les idées de Luka, je crois que j'aurais fini tyran d'un royaume d'affamés. Il était là depuis le début et, quand je m'égarais un peu, il savait me remettre dans la bonne direction.

Y avait quelque chose d'apaisant chez ce grand tas d'os, la lenteur de ses mouvements, ses yeux jamais vraiment ouverts et le combo peignoir/sandalettes qui lui donnait l'allure d'un retraité à la plage. Quand il tenait la caisse de l'épicerie familiale, il se faisait souvent engueuler par son père parce qu'il passait trop de temps à bavarder avec les clients. Tu lui disais merci, il te racontait l'origine du mot merci.

Quand je l'ai rejoint dans la cuisine pour parler de ton cas, il s'est lancé dans un monologue sur le déclin de l'Empire byzantin sans perdre de vue la cuisson des patates. J'ai fait semblant de l'écouter tout en pensant à toi et ce qu'on allait faire de toi.

Je sais que tu as longtemps été jaloux de Luka. De notre complicité. Des blagues qui faisaient rire que nous. Déjà, sache que la jalousie, ça te rend moche. Ensuite, oublie pas que Luka, c'est la famille. Lui ne s'est pas senti menacé par l'arrivée d'un nouveau garçon de son âge. Il te voyait comme un chien qu'on a trouvé dans la rue. Un chien errant, on a pas envie de l'abandonner à son sort et on est pas contre un peu de compagnie. Mais ça bouffe, ça prend de la place et l'adopter, c'est un sacré investissement.

– Bon OK on le garde, a conclu Luka en égouttant les patates. Mais c'est toi qui t'en occupes.

Elijah

Je n'ai jamais été un garçon populaire. Ce n'est pas moi qu'on invitait aux anniversaires, pas moi qui lançais les modes ou me retrouvais en tête de liste des plus beaux mecs de la classe. Je ne figurais même pas au classement tellement je passais inaperçu. Il a suffi d'une semaine au Winston High pour que je devienne le centre de toutes les attentions. Ils avaient beau faire comme si je n'existais pas, tout le monde parlait de moi. Tu avais beau faire de ton mieux pour m'ignorer, je savais que ma présence t'empêchait de dormir et que chacun de mes faits et gestes t'était rapporté par l'un de tes nombreux espions.

Malgré toi, suite à un vote à main levée, on m'a autorisé à rester. Au Winston High, tout se décidait à l'unanimité et, dans le grand réfectoire, chaque problème trouvait sa solution : le toit est un gruyère ? Installons des seaux pour récupérer l'eau de pluie. Dalila ne sourit plus depuis que sa petite sœur a disparu ? Shark et Oliver voleront des pommes au marché pour que Luka lui prépare sa tarte préférée. Un intrus des beaux quartiers est venu semer le trouble dans notre petite communauté ? C'est une bouche de plus à nourrir mais aussi une main-d'œuvre dont il serait dommage de se priver. Les toilettes sont bouchées ? Parfait, le bourge se chargera de les nettoyer. Tu t'es bien gardée de me dire que ce genre de corvées était tiré au sort, normalement.

Être populaire n'était pas aussi glamour que je l'avais imaginé.

Le banc humide du vestiaire avait été désigné comme mon lit douillet et chaque réveil s'accompagnait d'intenses douleurs musculaires – je ne savais même pas que j'avais des muscles. Après le petit déjeuner, je me nouais un bandana sur le visage pour masquer les odeurs et parcourais les couloirs avec ma serpillière, homme à tout faire, imitant les gestes de Janet, l'ancienne femme de ménage de mes parents envers qui, je le savais désormais, j'aurais dû avoir plus d'empathie.

À la fin du labeur, dans un coin du réfectoire, j'observais de loin les journées qui se racontaient autour d'un maigre festin. Parfois, Dean prenait sa guitare et Lily se mettait à chanter. Dès que j'essayais de m'approcher de toi, tu disparaissais.

Histoire de ne pas attirer l'attention du voisinage – ou de ce qu'il en restait – il était interdit d'allumer les lumières une fois la nuit tombée. Chaque soir, équipé d'une lampe torche, je faisais mes devoirs. L'esprit s'évade quand on passe la journée à frotter la merde des autres et le mien grouillait d'idées que je m'empressais de noter dans un petit carnet. J'avais d'abord dessiné un plan mental du Winston High et de tous ces longs couloirs et pièces inoccupées. Chaque pensionnaire avait droit à sa fiche d'identité où, au fil des jours et des informations collectées par mes oreilles indiscrètes, je consignais les âges, provenances, qualités, couleurs préférées. J'ai aussi listé ce qu'on pourrait améliorer avec un peu plus d'organisation. Pas question de remettre en cause ton travail, tu avais fait au mieux avec très peu. Seulement, mon regard neuf me permettait de ne plus envisager le Winston High seulement comme un lieu de survie mais comme un microcosme où ces joyeux gamins pourraient apprendre, s'épanouir et refaire le monde loin de celui des adultes. La nuit, je préparais en secret notre révolution. Il ne me restait plus qu'à te convaincre.

Anna

Mourir, pourrir, c'est quoi le pire ?

C'était mon tube, cette chanson. Les jumeaux me la demandaient tout le temps.

Mourir, pourrir,

T'as nulle part où courir…

J'avais inventé ça pour les distraire quand mon père insultait ma mère qui, en retour, lui lançait des assiettes. J'étais forte pour inventer des trucs et cacher la misère à mes frangins. En fait, toute l'aventure Winston High avait commencé comme ça : une énorme supercherie pour leur cacher un monde en ruine. Mais il fallait encore que je chante pour les bercer. C'était un rituel. La chanson, quelques guili et au lit. Une fois que je les entendais ronfler, je pouvais souffler un peu et monter sur le toit pour m'en griller une. Je voulais surtout pas que Chris et Bog me voient faire ça. La cigarette, c'était l'accessoire de ma mère. Mon héritage.

Sauf que depuis ton arrivée le rituel avait été chamboulé.

J'avais beau chanter, impossible de calmer les jumeaux. Pour eux, tu étais un jouet tout neuf et ça faisait de moi le vieux doudou qui fait honte.

– Dis Nana, pourquoi on demanderait pas à Elijah de nous raconter une histoire ?

– Oui, j'ai bien aimé l'histoire qu'il a racontée au goûter. L'histoire de l'okapi.

– Je savais pas que ça existait en vrai l'okapi.

– Pourquoi on ferait pas un zoo ici ? On a la place. Et Elijah, il connaît plein de trucs sur les animaux, il pourrait nous aider et tout…

T'avais pas de meilleure idée que leur remplir la tête de tes conneries ? Si j'avais su, je t'aurais enfermé dans le vestiaire et j'aurais paumé la clé.

– C'est l'heure de dormir, demain vous allez m'aider à réparer le toit, OK ?

– Bah, demain, Elijah il voulait nous montrer des trucs.

J'ai grimacé.

– Des trucs ?

– Des poèmes. C'est comme des chansons mais ça se chante pas.

Dix minutes plus tard, ils parlaient toujours de toi, j'ai lâché l'affaire.

J'ai pas eu le courage de monter fumer. J'avais pas envie de croiser quelqu'un et qu'il me chante tes louanges. Sur la route de mon lit, j'ai aperçu un rayon de lumière. Qui avait encore oublié d'éteindre ? Sans faire de bruit, je me suis approchée et bien sûr la lumière venait du vestiaire. Elle éclairait ta main qui griffonnait sur un petit carnet. Tu étais gaucher. J'avais jamais vu de gaucher avant. Je comprenais pas comment tu tenais ton stylo. Comment tu faisais pour être toujours debout. Elle sortait d'où cette énergie ? Et qu'est-ce que j'avais foutu de la mienne ? À une époque, j'étais forte pour inventer des trucs.

Elijah

Un jour – je crois que c'était un jeudi mais on était privés de calendrier – j'ai eu une surprise au réveil. Le petit Bog avait fouillé dans mon sac et essayait maladroitement de souffler dans mon harmonica. Je savais que c'était Bog, il avait les dents du bonheur. Ou alors c'était Chris. Encore dans les vapes, j'ai enfilé ma chemise jaune – j'avais seulement ma bleue ou ma jaune – et fait de mon mieux pour partager mon maigre savoir. Quand souffler, quand aspirer. Ses grands yeux curieux, les mêmes yeux noirs que toi, ne loupaient pas une miette de la leçon. Peu à peu, faute de mieux, un hymne national informe et strident a résonné dans le vestiaire. Il lui fallait plus de pratique et, quand je lui ai proposé de revenir le lendemain pour une nouvelle session, il a dit oui. J'étais ravi, convaincu d'inaugurer une dynamique d'échange de savoirs qui allait sans aucun doute inspirer le reste de mes camarades. Sauf que le lendemain, pas de Bog. J'ai fini par le retrouver alors qu'il jouait à cache-cache avec Chris.

– Pourquoi tu n'es pas venu ?

Avant de cracher le morceau, Bog a pris soin de vérifier que personne n'allait le surprendre à parler avec le bourge pestiféré.

– Ma sœur veut pas que je joue avec toi.

Ça m'a foutu en rogne. Personne ne pouvait lever le petit doigt sans en informer la reine mère. J'ai eu envie de me tirer. Si tu ne voulais pas de moi, à quoi bon insister alors que dehors la liberté m'attendait et que, si ça se trouve, mon père s'inquiétait. Le bizutage avait assez duré. J'ai gardé mon calme pour ne pas effrayer les gamins et je suis allé récurer une cuvette en me promettant d'avoir une petite conversation avec toi.

Dans l'espoir de te trouver, j'ai inspecté chaque pièce. La salle de maths sentait la chaussette et le pet, c'était le territoire de Shark et Oli. En installant des plantes vertes, Dean et Lily avaient transformé la salle d'histoire en une jungle miniature. Dans la salle de géo, les dessins de Luka entouraient une immense carte du monde. Et quand j'ai vu des photos de Sophia jonchant le sol, j'ai tout de suite compris que c'était dans la salle d'anglais que Dalila pleurait la disparition de sa sœur.

Aucune trace de toi, je n'avais plus le choix. Si je voulais te confronter pour de bon, il fallait que j'emploie les grands moyens. Au sommet de l'imposant escalier central se trouvait l'ancien bureau du principal. J'ai forcé la porte, me suis assis dans un confortable fauteuil en cuir et, avec l'espoir qu'il fonctionne encore, j'ai actionné le système de haut-parleurs. Un larsen a résonné dans tout le lycée. Fier de moi, j'étais prêt à t'interpeller, te dire ce que je pensais de ton Winston High et de cette horrible semaine. J'allais pisser sur tes illusions et partir comme un prince. Je ne t'ai pas entendue approcher.

Anna

Je t'ai sorti mon regard noir puissance dix. Comme n'importe quel gamin qui se retrouve dans le bureau du principal, tu avais l'air coupable et cherchais à te justifier. J'ai récupéré mon fauteuil et j'ai laissé un silence pesant s'installer. Je t'avais bien étudié, Elijah. Face à un petit malin bavard et orgueilleux, y a pas meilleure kryptonite que de l'ignorer et/ou lui parler de haut. Je t'avais ignoré assez longtemps, je suis passé au mépris.

– Ça fait une semaine et j'ai toujours pas compris ce que tu faisais ici. Il est temps de rentrer chez toi. Ne t'en fais pas, papa et maman te pardonneront, vous irez manger des glaces pour fêter ça.

La moutarde t'est montée tellement vite au nez, j'ai cru qu'elle allait déborder alors j'ai fait un truc que je fais pas souvent.

Elijah

Tu as souri. Pour la première fois, j'ai vu tes lèvres se détendre et le coin de tes yeux se plisser. Nonchalamment, comme si ton plan se déroulait comme prévu, tu as sorti d'un tiroir un petit carnet, mon petit carnet. Celui où j'avais réécrit en cachette le futur du Winston High.

– Je croyais qu'il était interdit de fouiller dans la chambre des autres.

– Ta chambre, c'est un vestiaire. Assieds-toi.

Je me suis assis et t'ai regardée feuilleter les pages. Un air sérieux avait déjà remplacé ton sourire précieux.

– Je n'ai pas de couleur préférée.

– De ?

– Là, sur la fiche qui parle de moi, tu as écrit couleur préférée. J'en ai pas.

J'aurais parié sur le noir. Au bout de quelques minutes, tu as refermé le carnet et fait trois tours de fauteuil à roulettes.

– Bon, je vais pas te mentir, j'ai zéro confiance en toi.

Tu as dit ça comme un scoop, comme si je n'avais pas eu besoin de faire mes preuves.

– Mais il se trouve qu'on partage certaines idées, finalement.

Ça a dû sacrément t'écorcher la langue d'avouer ça.

– C'est pas assez de s'être barré du monde des adultes. Il faut qu'on construise quelque chose ici qui en vaille la peine. Pour les petits, surtout, c'est important. C'est pas des vacances, ce qui se passe ici. C'est heu… un autre projet de société, en fait, un projet où on n'est plus seulement des gamins pauvres dont la voie est toute tracée : le boulot pourri, le mariage trop tôt, les gosses pas vraiment voulus, la maison pour les coller tous dedans. On peut exister autrement que les gens du dehors. Si on se dit qu'on n'a plus les limites habituelles, on rêve à quoi ? Ça fait un bout de temps déjà qu'on en parle avec Luka. T'as rien inventé dans ton petit carnet, tu vois ? Seulement…

Tu as soupiré.

– Avec toute l'intendance qu'on se partageait à deux, on a pas vraiment eu le temps et l'énergie de mettre quoi que ce soit en place. Et finalement…

Tes pauses étaient de plus en plus longues.

– C'est peut-être une chance que tu sois arrivé ici. À trois, on peut essayer. Disons qu'on peut résumer ça comme ça : soit tu pars et jamais on ne se revoit, soit on se met au travail.

Il était encore trop tôt pour qu'on se serre la main mais c'était le début d'une longue collaboration.

Octobre

Elijah

Un mois après mon arrivée, je ne peux pas dire que j'étais vraiment intégré mais, comme souvent quand on reste longtemps au même endroit, même l'endroit le plus exotique, une routine s'était installée. Il faut reconnaître qu'au Winston High les journées étaient étonnamment bien millimétrées. Sur ce point, rien à redire, Luka et toi aviez instauré une organisation exemplaire sans laquelle la vie en communauté serait vite devenue l'enfer.

En plus du planning des tâches que chacun avait appris à respecter – et une fois mon bizutage terminé, la section toilettes ne m'était plus seulement réservée – survie et sécurité étaient les deux moteurs du quotidien.

Pour Oliver et Shark, ça voulait dire se lever avant tout le monde et quand je dis avant tout le monde, je veux dire avant Cleveland. À l'heure où les seules âmes qu'on peut croiser dans le quartier sont les ivrognes qui trébuchent jusqu'à chez eux, les clochards qui grelottent sans avoir de chez-eux vers lequel trébucher et les gros camions qui ravitaillent les boutiques pour permettre à la société de consommation de consommer dès le réveil. L'objectif d'Oliver et Shark n'était pas de voler la marchandise mais de recycler. En fouillant dans les poubelles des supermarchés ou des immeubles alentour, nos deux aventuriers rapportaient tout ce que leurs sacs à dos pouvaient supporter de boîtes de conserve, sachets de pâtes et de riz, viande plus ou moins surgelée, yaourts et denrées en tout genre.

– Mais pourquoi les gens jettent ça ?

Quand Luka m'a montré ses stocks pour la première fois, ça a été un choc parce que jamais avant je ne m'étais soucié de ce qui se retrouvait dans mon assiette ni de ce qu'il advenait de mes restes.

– Parce qu'on leur fait croire depuis des années à des concepts stupides, m'avait expliqué notre cuisinier. La date de péremption par exemple.

– C'est pas stupide, ça nous empêche de tomber malade.

– Tu crois vraiment que ça va te tuer de manger un yaourt à minuit une le jour de sa supposée date limite ? Que le lait va exploser dans ton estomac si tu le bois vendredi plutôt que jeudi ? Non, la seule chose qui court à sa perte si on ne respecte pas ces règles à la con, c'est le… C'est le quoi, Bart ?

– Le capitolique.

– Le capitalisme, oui, tu y étais presque.

Et le grand gaspillage ne se limitait pas à ça : il suffisait qu'une étiquette soit mal orthographiée ou qu'une conserve ait une forme légèrement suspecte pour qu'elle termine aux ordures. Et donc dans nos assiettes.

Pour ne pas se faire repérer, Oliver et Shark tâchaient au maximum de varier leurs points de collecte et utilisaient systématiquement le Tunnel. Ça aussi, quand on m'a expliqué le système, j'ai eu du mal à y croire. Oliver m'a donc offert une visite guidée.

– Qu'est-ce que tu fais ? Descends !

– Mais il fait tout noir et ça pue.

– On s'habitue.

L'accès au Tunnel se faisait par une bouche d'égout située au milieu de la cour. Après cent mètres à patauger dans la gadoue, on pouvait ressortir dans une ruelle, ni vu ni connu.

– Et puis quand on s'est fait à l'odeur, on se fait aux rats.

– Quoi ?

– Descends ! T'es vraiment un Donatello toi.

– Qui ?

– La pire des Tortues Ninja.

Le matin, j'étais réveillé au son des premières douches au moment où Oliver et Shark sortaient du Tunnel et montraient patte blanche à la personne juchée sur le toit. Pour entrer dans le Winston, il fallait connaître le signal : siffler en entier le générique des *Simpson*. Une idée de Bart, pas peu fier d'avoir hérité son prénom du plus célèbre gamin à la télé.

– Qu'est-ce que vous me rapportez de bon aujourd'hui ?

Luka accueillait les victuailles du jour en cuisine et tout le monde se réunissait pour le petit déjeuner, moment le plus important de la journée juste derrière le goûter.

Anna

Quand Oli ramenait un exemplaire plus ou moins frais du *News Herald,* je lui laissais les pages « Sports », lisais les BD aux petits et dès que j'avais la paix, je parcourais le reste du torchon local dans ses moindres lignes. On me foutait rarement la paix.

– Des nouvelles du Vaste Bordel ?

– Laisse-moi lire tranquille, Elijah…

– Mon copain Joey, il dit que la crise des subprimes, c'est…

– On s'en branle de ton copain Joey.

– Si on veut montrer le bon exemple, va falloir faire gaffe à notre langage…

– C'est vraiment une réflexion de bourge de mes deux…

– Merci Luka, c'est justement ce que…

– On fait attention devant les gamins, Elijah ! Mais putain, on va pas commencer à t'accorder à toi aussi un traitement spécial.

– Je… j'ai rien dit.

Journal après journal, on suivait un grand déballage bien plus compliqué que ce que racontait ton copain Joey : des inventions d'algorithmes, des actionnaires qui achetaient des dettes, des alliances entre les banques, l'industrie du bâtiment et les agences immobilières, et au milieu de tout ça, des pauvres types à qui on avait fait croire qu'ils pouvaient emprunter des dizaines de milliers de dollars pour acheter une maison, ou deux, ou trois et que s'ils arrivaient pas à payer ils auraient qu'à revendre les baraques pour rembourser. Sauf que pour que cette super idée fonctionne il fallait que le prix de l'immobilier continue à monter sans cesse et quand il s'était cassé la gueule, eh bien, les pauvres s'étaient retrouvés non seulement endettés mais surendettés, pliés, foutus.

– J'ai rien compris…

– Lis *Snoopy*, Bog.

Elijah

Chaque fois que j'ouvrais le *News Herald*, j'espérais y découvrir un avis de recherche avec une photo de ma tronche et le témoignage de mes parents morts d'inquiétude. Je ne voulais pas qu'on me trouve mais j'aurais bien aimé qu'on me cherche. Devant toi, je faisais genre de m'en foutre, que c'était nous contre le reste du monde. Il aurait été mal vu de regretter mon petit confort alors que l'automne devenait terriblement frais et mon vestiaire de plus en plus humide. Mais les doutes finissaient toujours par me rattraper. Plus les jours passaient, plus la nuit tombait vite et, plus elle tombait vite, plus j'angoissais. Un soir d'insomnie, je me suis souvenu de mon père et de son chocolat chaud dans lequel il versait toujours une goutte de cannelle. Ça suffisait à en faire sa spécialité et je me suis énervé parce que s'il tenait vraiment à moi, mon père serait déjà venu me sortir de ce maudit vestiaire. Quelqu'un sur le campus de l'université de l'Ohio devait avoir remarqué mon absence, le dortoir vide où je n'avais jamais posé ma valise. Comme ce n'est pas en s'énervant qu'on s'endort, je me suis levé et, avec ma lampe torche, j'ai traversé le gymnase. Quelque part dans l'enceinte du lycée, tu avais planqué un téléphone portable à n'utiliser qu'en cas d'extrême urgence. Il me semblait urgent d'avoir une petite conversation avec mon père.

– Ça va mieux ton dos ?

J'ai sursauté. Je n'avais pas vu Dalila, accroupie au pied du panier de basket. À vrai dire, j'avais peu eu l'occasion de la voir depuis mon arrivée. Elle passait son temps à l'écart. Luka en était même venu à déposer un plateau-repas devant l'entrée de sa chambre. Elle avait pourtant eu vent de mes douleurs dorsales. Après des nuits sur le banc du vestiaire, je marchais comme un vieillard.

– Une bonne posture, c'est essentiel, elle a timidement ajouté quand je me suis agenouillé auprès d'elle. Imagine un fil au-dessus de ta tête qui te tire gentiment vers le plafond.

Elle m'a invité à prendre la position du lotus et j'ai suivi son conseil. Une douleur est partie de mon bassin pour remonter jusqu'à ma nuque. J'ai grimacé. Dalila a souri.

– Tu allais quelque part ?

– Non, je… J'allais me préparer un chocolat chaud, tu en veux un ?

J'aurais pu lui demander si elle connaissait la cachette du téléphone. Peut-être qu'elle aurait aimé prendre des nouvelles de sa sœur. Peut-être que j'aurais pu déverser ma colère sur le répondeur de mon père. Au lieu de ça, on s'est retrouvés dans la cuisine, à faire chauffer du lait. Je lui ai fait promettre qu'elle ne le dirait à personne. Taper dans les réserves la nuit, c'était bien sûr interdit – niveau bouffe, on fonctionnait à flux tendu comme auraient dit les pages Finance du *Herald*. Il n'y avait pas de cannelle, il n'y avait pas non plus de chocolat mais on a trouvé un fond de pot de miel.

– Où est-ce que tu as appris ces trucs de yoga ?

– Dans les cours de danse.

Quand mon père se lamentait comme quoi il y en avait marre que nos taxes locales financent des conneries, les cours de danse de Dalila faisaient partie des conneries. La Maison de quartier du Slavic Village avait été subventionnée par la municipalité jusqu'à ce que les caisses soient vides et le projet abandonné. Ses portes étaient restées ouvertes suffisamment longtemps pour que Dalila y suive des cours.

– Et tu danses bien ?

Je m'attendais à une réponse timide, presque embarrassée et j'ai retenu mon souffle quand Dalila s'est levée. Dans l'obscurité, elle a mimé ses pas favoris et énuméré leurs noms. Que des mots nouveaux pour moi : l'arabesque, la gargouillade, le tour fouetté et l'entrechat. À chaque inflexion, je craignais qu'elle se brise les chevilles mais Dalila retombait toujours sur ses pattes. Elle savait ce qu'elle faisait et aurait pu continuer à ce rythme toute la nuit. C'était comme si on m'avait demandé mes scènes préférées d'*Harry Potter*.

– Tu crois que tu pourrais nous apprendre ?

Ça aurait été dommage d'être le seul à profiter du spectacle.

– Je pense pas que ça intéresse les autres.

– Je pense qu'on peut les surprendre.

Elle allait y réfléchir. À condition que je garde une bonne posture. Promis, j'ai dit.

Quand je suis retourné au vestiaire, j'ai réalisé à tâtons que mes affaires avaient disparu. J'ai voulu allumer ma lampe torche mais, plus rapide, tu as pointé la tienne sur mon visage. J'avais une moustache de lait.

– C'est pas bon de grignoter entre les repas…

– Je… Qu'est-ce que tu fais là ?

– Suis-moi.

– Où ça ?

– Suis-moi et tu verras où ça.

Je t'ai suivie jusqu'au deuxième étage.

– Un mois de bizutage, c'est un peu long. Je pense que tu as mérité une promotion…

Dans la bibliothèque, un matelas tout défoncé m'attendait sous les clignotements d'un néon.

– Ta nouvelle chambre.

C'était parfait j'ai pensé, en remettant droit un portrait jauni de Mark Twain.

– Je vais pouvoir en profiter pour faire un peu de tri. Je suis sûr que, sur ces étagères, il y a de la matière.

– De quoi tu parles ?

– Je parle de gargouillades et d'entrechats.

– T'as fumé ou quoi ?

– Tu savais que Dalila dansait ?

– Et alors ?

– Il y a plein de trucs qu'on ne sait pas. Plein de trucs qu'on pourrait s'apprendre. Ce qu'il y a dans les livres. Ce qu'on a dans nos têtes.

J'allais trop vite. Tu semblais exténuée. Tu tenais la barre depuis plus longtemps que moi et préserver la sécurité de ton clan t'avait épuisée.

– Repose-toi. On en reparle demain.

Avant d'aller te coucher, tu devais d'abord redoubler d'efforts pour mettre tes frangins au lit. Tu m'as laissé là, entre les livres en R et les livres en S. J'ai pris les neuf cents pages de *Moby Dick* que quelqu'un avait mal rangé pour les mettre sous mon oreiller. Les premières lueurs du soleil faisaient resplendir la moustache de Mark Twain sur le mur et le sucre avait atténué mon amertume.

Demain était déjà aujourd'hui.

Anna

C'est planqués au fond de la bibliothèque qu'on a commencé à plancher sur notre *projet scolaire pas scolaire*. J'ai hésité à intégrer Luka à nos débats mais d'abord, je voulais voir ce que ça donnait juste toi et moi. Au début, ça n'a pas donné grand-chose.

Selon moi, c'était surtout important de désapprendre. Ce que je voulais, c'est qu'on soit une zone sans violence :

il fallait que les garçons désapprennent ce qu'ils croyaient savoir de leur supériorité sur les filles, qu'ils arrêtent de se balader en bande comme si les espaces n'appartenaient qu'à eux, il fallait que les riches désapprennent ce qu'ils pensaient avoir de plus que les pauvres. Et ça, j'ai bien vu que ça t'étonnait que, même entre nous, il existe des hiérarchies sociales, alors que personne n'avait de thunes. Je t'ai expliqué qu'au quartier, entre ceux qui grattaient l'électricité et l'eau en se branchant dessus à la sauvage et ceux qui payaient les factures, c'était la guerre. Qu'entre ceux qui avaient des bagnoles, même déglingues, et ceux qui prenaient le bus, c'était la guerre. Et qu'entre ceux qui pouvaient se payer une glace au camion blanc en sortant de l'école et ceux qui les regardaient, eh bien…

– C'était la guerre.

– T'as compris.

Tu avais compris mais ça ne t'empêchait pas de me répéter de ton côté qu'il fallait apprendre quelque chose. Tu as demandé, naïvement :

– Tu crois vraiment que l'école sert à rien ?

– Je suis sûre qu'elle sert à quelque chose. Mais je suis sûre aussi que chez toi et chez moi, elle sert à des choses différentes. Pour nous, l'école, c'est une punition quotidienne. On se fait humilier tout le temps. Rien que par le niveau des profs qu'ils nous balancent en face. On a que les plus pourris. Les dépressifs en dernière phase. On sait très bien qu'ils voudraient être partout sauf là.

Tu as dit mollement que j'exagérais mais tu m'as laissée continuer.

– On nous apprend des trucs qui ont rien à voir avec nos vies et quand on s'y intéresse pas, on se fait saquer. Et au bout du compte, on se dit forcément qu'on n'est pas faits pour les études. C'est un truc vicieux, tu vois, ça nous amène à croire que se barrer pour aller à l'usine, c'est une chance. L'école, elle sert à ce qu'on n'y reste pas et qu'on aille faire les jobs dont personne ne veut, sans réaliser qu'on se fait avoir.

Ça t'a fait un choc d'entendre ça, j'ai bien vu. Mais t'as pas lâché. Tu m'as dit que s'il fallait tout réinventer, alors le premier truc à réinventer, c'était l'école. Tu m'as parlé de savoirs chauds et froids et de transmission horizontale. Franchement, on aurait dit que tu comprenais pas trop ce que tu racontais et ton jargon sonnait comme du pipeau à bourgeois.

– Tu sais à quoi ça me fait penser tes idées ?

– Non mais tu vas me le dire.

– Je vais te dire à quoi ça me fait penser : à de grosses excuses à paillettes pour que les friqués envoient leurs gamins dans des écoles privées hors de prix sous prétexte d'un épanouissement particulier ou je sais pas quoi.

– Et t'as mieux à proposer, Staline ?

Oui mais j'avais surtout envie de t'envoyer un dictionnaire dans la tronche.

Elijah

Tu ne croyais que ce que tu voyais alors plutôt que de t'ennuyer avec mes théories farfelues, j'ai misé sur la pratique. Et pour bien enfoncer le clou, je n'ai pas trouvé meilleur cobaye que tes frangins. Je dis ça comme si j'avais calculé mon coup mais en vrai, le hasard a voulu qu'en sortant de cette première réunion infructueuse, on tombe sur Chris et Bog en train de se chamailler dans le couloir.

– Rends-moi mes crayons!

– C'est à mon tour de jouer avec, Bog!

– Tu vas encore tous me les abîmer, espèce de gros nullos!

C'était parfait. Je me suis aussitôt interposé.

– Les garçons, je pense qu'on pourrait apprendre à mieux communiquer entre nous.

– Non mais c'est un gros nullos, je mens pas.

– La prochaine fois, Chris, demande à ton frère si tu peux lui emprunter les crayons. Et toi Bog, si tu penses que Chris pourrait être plus soigneux, fais-lui savoir sans l'agresser. Au lieu de lui dire qu'il est ceci ou cela, dis-lui ce que tu ressens toi, ce que ça te fait à toi. C'est toujours plus facile à entendre qu'une insulte.

Les jumeaux ont hoché leur double tête d'un double mouvement. Je me suis tourné vers toi:

– Tu vois, c'est tout simple. C'est ce qui s'appelle la communication non violente.

Tes bras étaient croisés mais je savais qu'au fond ma méthode t'avait convaincue. Quand on s'est éloignés dans le couloir, on a entendu les voix perçantes de tes frères, derrière nous.

– Chris, je ressens que t'es une espèce de gros nullos.

– Bog, je ressens que t'es un gros emmerdeur naze.

Anna

Elijah, je ressens que tes méthodes sont à chier.

Après une semaine passée à nous prendre la tête, Luka est intervenu pour jouer l'arbitre. D'après lui, il y avait du bon dans nos deux approches, il suffisait juste de les appliquer sous forme d'ateliers collectifs où tout le monde allait pouvoir participer : pas d'autorité, pas de domination, du partage.

– Ouais, c'est ce que je disais depuis le début…

– Tu rigoles ? J'y avais pensé avant même que tu sois là !

– Vous vous trouvez peut-être adorables mais vous me fatiguez tous les deux.

Et c'est dans ce bel esprit que le bal des ateliers a débuté. On en a lancé plusieurs : botanique, cuisine, chant, histoire, sport et puis – pour que les petits participent, eux aussi – ce truc qu'on avait appelé la « Classe Libre ». Elle était ouverte à tous ceux qui avaient envie de partager une de leurs passions. Oh, il y a eu de beaux moments, comme quand Dalila nous a appris à tous la scène de claquettes de *Singing in the Rain*. Ce jour-là, on sautait sur les tables et les chaises en se foutant des différences d'âge. « Genoux ! »

criait Dalila, ou bien « Coudes ! » et puis «Attention ! À mon signal, tour complet ! ». Tacata tacata tacata tac. C'était la première fois depuis la disparition de Sophia que je la voyais sourire. Cet abruti d'Oli s'en est bien tiré lui aussi : il a fait des tours de magie avec un vieux jeu de cartes et les petits, les yeux écarquillés, le suppliaient de faire apparaître des lapins, des colombes, des dinosaures et bien sûr ton okapi débile. C'est le jour où Chris et Bog ont décidé de faire leur numéro de jumeaux télépathes que ça a commencé à merdouiller. Ils sont sûrement pas assez télépathes pour montrer quoi que ce soit d'intéressant mais ils le sont suffisamment pour que ce qu'ils veulent dire soit clair pour eux seuls sans qu'ils soient capables de l'expliquer aux autres. L'expérience s'est arrêtée après une petite dizaine de minutes de silence et ils sont retournés à leurs coloriages. Mais le plus gros *fail* de la classe libre, ça a été le jour où Bart a balbutié pendant plus d'une heure la somme de ses connaissances (quasi inexistantes) en aéronautique. Il imitait les bruits de moteur des différents appareils avec des ouragans de postillons et un enthousiasme tellement évident que personne a osé l'interrompre. J'ai vu que même toi tu t'es dit que la liberté, ça avait ses limites.

Elijah

– C'est normal qu'on connaisse des ratés.

– Ouais, peut-être parce qu'on est des ratés.

– C'est comme ça que tu comptes reconstruire la confiance de ces gosses ?

– C'est pas du tout mon plan.

On continuait à s'engueuler mais on avançait quand même petit à petit. Il y avait des détails qui coinçaient et qu'on n'avait pas prévus. Par exemple, Oliver et Shark se levaient à l'aube pour les raids et les horaires des ateliers bousillaient leur sieste. Ou alors les gardes sur le toit qu'il fallait faire coïncider avec notre nouvel emploi du temps. Ou encore notre fatigue à nous, les trois grands, parce qu'on avait l'impression de tenir toute une petite ville à bout de bras. Mais je ne m'avouais pas vaincu. Rien que pour déjouer tes attentes, je redressais toujours la tête.

L'Atelier Botanique, ça a été n'importe quoi au début. On était tous des gamins de la ville. Nos connaissances sur la faune et la flore se limitaient à ce qu'on pouvait apprendre d'un coup d'œil aux bacs de géraniums ou à travers les vitrines des animaleries. Oliver croyait que les poulets pondaient des nuggets, Shark que les vaches marron donnaient du lait chocolaté, Dean affirmait que si on avalait un noyau une plante poussait à l'intérieur du ventre. Pourtant, quand il a fallu commencer le potager on s'y est tous mis avec enthousiasme. On imaginait des haricots magiques et des patates dorées, des arbres fruitiers grandis pendant la nuit et des carottes à en faire mourir Bugs Bunny de jalousie. On a arraché une haie de buis qui faisait une petite moustache sale au bâtiment et dans le rectangle de terre dégagé, on a planté tout ce qu'on avait pu faucher aux alentours ou garder de nos repas : noyaux d'avocat, pépins de pomme, graines de citrouille, pommes de terre pourries. Dans ma nouvelle chambre, il y avait plusieurs livres sur les plantes et on les a consultés tous ensemble en se répétant nos phrases préférées :

Chaque rhizome engendre un tubercule par le grossissement de son extrémité distale.

La plus grosse citrouille du monde, venue de Napa, en Californie, pesait 922 kg.

Les germes de la pomme de terre apparaissent après une période de dormance.

Chris et Bog ne voulaient plus quitter le potager. Tu avais beau leur dire que rien ne pousserait avant le printemps, ils s'asseyaient au bord de la terre retournée et guettaient l'apparition des premières tiges. Ils étaient persuadés de voir le sol frémir et s'ouvrir chaque jour un peu plus. Et toi, même si tu t'en défendais, je t'ai surprise à lorgner du coin de l'œil nos nouvelles plates-bandes dans l'espoir d'y découvrir une pousse avant tout le monde. On a appelé ça la Classe de Terre. C'était une de tes préférées.

Anna

Un potager, ça me paraissait dingue. Un truc venu d'un univers parallèle dans lequel les enfants courent dans les champs et les parents repeignent les grandes planches en bois d'une ferme. J'avais beau répéter avant chaque sortie qu'une fois dehors il fallait faire le moins de bruit possible, les rires et les cris de joie finissaient toujours par se faire entendre. Nos plates-bandes se trouvaient entre le mur d'enceinte et l'arrière du lycée, protégées des regards, mais j'avais peur que nos éclats de voix nous fassent repérer. Même Luka avait du mal à rester silencieux pendant la Classe de Terre. Il sifflotait des tubes de country en passant ses pouces dans la ceinture de son jean. Appuyés sur leurs pelles, Oli et Shark imitaient l'accent traînant du Sud en repositionnant des chapeaux de paille imaginaires à l'arrière de leur crâne. Leurs cheveux commençaient à repousser, un centimètre de boucles noires mousseuses pour Shark, des mèches filasses en tous sens pour son copain. J'ai inspecté les troupes qui bêchaient : partout, des débuts de crinière plus ou moins timides, de jolis logis à poux qui s'installaient sur les têtes. J'aurais bien proposé une nouvelle coupe générale mais l'hiver arrivait et au moins les cheveux allaient nous tenir chaud. En plus, comme tu avais refusé dès le début de te soumettre à la dictature de la tondeuse, je me voyais mal faire avaler aux autres qu'ils devaient y repasser. Moi je m'étais presque habituée au bonnet sur ma tête. Je ne le retirais que pour me doucher et pour dormir. Parfois ça grattait mais j'avais l'impression d'avoir un casque de protection.

Pliée en deux sous le poids d'un arrosoir, Zhou essayait de pas verser d'eau sur ses chaussures. Ça marchait plus ou moins bien. Une sorte de houppette noir corbeau lui repoussait au sommet du crâne, presque comme un point d'interrogation.

Ça tombait bien. Plus de trois mois qu'elle était avec nous et je l'avais toujours pas entendue décrocher un mot. Elle remuait la tête, elle souriait. Elle essayait toujours de suivre mes frères qui essayaient toujours de la semer. Elle s'amusait bien, j'avais l'impression. Mais elle parlait pas. Bart m'avait demandé si je croyais qu'elle avait un jour donné sa langue au chat et qu'il ne lui avait jamais rendue. Luka m'avait demandé si j'avais envisagé qu'elle parle pas notre langue. Je t'avais demandé s'il y avait un dictionnaire de chinois dans ta piaule. Tu avais répondu que non. Je pensais qu'elle nous comprenait, de toute manière. Ça se voyait dans ses jolis yeux noirs.

À la fin des ateliers botaniques, on alignait tout le monde avant de rentrer dans le lycée et on regardait l'étendue des dégâts sur les fringues. Certains apprentis jardiniers paraissaient s'être roulés dans la terre tout l'après-midi quand ils rentraient.

– Je vais ajouter une deuxième face lessive sur un dé de corvée, a dit Luka avec sagesse.

Elijah

La douce voix de Lily a résonné dans tout le bâtiment : *L'atelier musical va commencer dans un instant. Rendez-vous dans l'auditorium.*

Plutôt que de courir partout, on avait décidé d'utiliser le haut-parleur pour annoncer les ateliers. Et jusqu'à présent, j'étais ravi de voir l'enthousiasme de mes camarades, que ce soit dans le potager, pour les cours de cuisine alternative de Luka ou des leçons de basket d'Oliver. Mais ma plus grande fierté, ça a été de lancer l'Atelier Expression Artistique. Toi, tu appelais ça l'Atelier Bruit. Sans ta mauvaise foi habituelle tu aurais avoué qu'expression artistique, ça réunit musique, danse, théâtre et que c'est justement ce qui manquait au Winston High : un peu de poésie.

Anna

Si j'appelais ça l'Atelier Bruit, c'était pas juste pour t'emmerder. Un petit peu mais pas que. Mon vrai souci, c'était que l'expression, artistique ou non, ça allait foutre le bordel alors que notre survie dépendait de notre discrétion. Ça nous avait valu un débat de plus. C'était à l'heure du petit déjeuner, tu avais une haleine de pancake.

– Si on se met tous à jouer d'un instrument, faudra pas longtemps pour attirer l'attention du voisinage.

– Et faire pousser des citrouilles, ça va pas attirer leur attention peut-être ? Mon atelier va canaliser l'énergie des petits. Ils dormiront mieux le soir et seront moins tentés de faire des bêtises.

– C'est à ça que sert le basket.

– Le basket, ça inclut pas tout le monde. On avait dit qu'on essaierait d'inclure tout le monde.

– OK.

– OK.

– Je viendrai pas.

– Dommage, je suis sûr que t'as une belle voix.

– Va te brosser les dents s'il te plaît.

Elijah

Une fois cette bataille remportée, mon casting a pu débuter. À force d'être réveillé chaque matin par les jolies ritournelles de Dean et de Lily, dont la chambre était attenante à la bibliothèque, j'avais réussi à les convaincre d'utiliser leur talent à bon escient.

– Où est-ce que tu as appris à chanter comme ça ? j'ai demandé à Lily.

– À l'église.

Sur le moment, elle ne m'en a pas dit plus mais, plus tard, Dean m'expliquerait que dans leur paroisse la musique s'étudiait dès le berceau. Le révérend Templeton exigeait la perfection, quitte à ce que le solfège s'apprenne sur le bout des doigts ensanglantés parce que sinon, pas de sorties, pas de dessert et pas de paradis.

On a d'abord testé l'acoustique du réfectoire puis celle du gymnase et on a finalement opté pour la pièce circulaire située au rez-de-chaussée. Même s'il ressemblait au vestige d'un amphithéâtre antique, l'auditorium était l'endroit idéal pour nos répétitions.

– On va répéter quoi ? a voulu savoir Dean.

Tu te souviens de la fois où tu m'avais engueulé parce que je récupérais les vieux exemplaires du *News Herald* alors qu'ils te servaient à rembourrer les semelles des petits ? Tu te souviens de ce tableau en liège sur lequel je punaisais des articles découpés et qui, selon toi, ressemblait au rituel d'un serial killer ? Je n'avais pas osé t'en dire plus de peur que tu ne freines mon élan mais voilà sur quoi je planchais.

– Un spectacle visionnaire sur l'avenir de Cleveland. Sur notre avenir.

– C'est ambitieux, a estimé Lily.

– Aussi ambitieux que tout ce qu'on fait au quotidien. Les raids. Cohabiter. Survivre.

– C'est joli ce que tu dis, a rétorqué Dean. Mais le talent de chacun, il doit être bien caché parce que perso, je l'ai jamais vu.

La première étape allait être pour eux de transmettre les bases de l'éveil musical et de réveiller les artistes que je pourrais ensuite mettre en scène. Peut-être même que Dalila nous aiderait à chorégraphier le tout. Le pari était risqué. Je misais sur l'imagination de gamins élevés devant Fox News et les rediffusions des *Experts*. Leurs connaissances musicales se résumaient à Beyoncé.

La première répétition a confirmé l'ampleur de la tâche. Quand Lily a demandé à l'assistance d'imiter son *la*, Oliver a cru bon de pratiquer son solfège en rotant, Bart a exploré toutes les mauvaises notes et tu m'as regardé comme pour dire je te l'avais bien dit.

Anna

Un soir, Dalila a frappé à ma porte. Elle a dit qu'elle voulait qu'on parle des répétitions et quand j'ai répondu OK, elle a commencé à sortir des trucs très vagues sur la danse et la musique. Elle se tenait debout dans un coin, et elle alignait des phrases sans importance et j'attendais qu'elle me dise où était le problème, peut-être que tu prenais trop de place ou peut-être que c'étaient Oli et Shark qui l'avaient épuisée à force de répéter que la danse était un truc de filles. Mais je ne comprenais rien à ce qu'elle racontait. Alors je me contentais de la regarder en hochant la tête. J'allais finir par connaître par cœur les détails physiques des Winstoniens à force de faire ça. Dalila, son visage, il était bizarre. Pas moche du tout, mais bizarre. Elle était à deux doigts d'être la fille blonde parfaite sur les pubs pour les vacances en camping mais un truc allait pas : ses taches de rousseur avaient l'air d'être incrustées trop profond dans sa peau, ça faisait des dizaines de petits trous sur son nez et autour et quand on les regardait trop longtemps, on finissait par avoir mal pour elle, ou par se dire que ça devait lui faire mal. Quand elle allait pas bien, elle se frottait nerveusement du doigt l'arête du nez, sa figure finissait par devenir toute rouge et les taches de rousseur disparaissaient.

Et là, devant moi, alors qu'elle continuait à parler de la répétition dans l'amphithéâtre, l'air de rien son index a commencé ce mouvement gêné, en plein milieu de la figure, et elle a pris peu à peu la couleur d'une tomate. Je lui ai demandé aussi doucement que je pouvais :

– Il y a un problème ?

Sa bouche s'est ouverte une seconde mais rien, pas un mot. Elle a continué à se gratter.

– Dalila, tu peux me le dire si tu as des ennuis.

Elle a fixé le sol de ma chambre et puis elle a marmonné quelques mots auxquels j'ai rien compris. Je me suis approchée. J'imaginais qu'elle allait parler de Sophia, et me redemander s'il y avait moyen qu'elle utilise le portable, juste une fois, pour appeler le Service d'aide à l'enfance, ou les bonnes sœurs de son ancienne école, ou n'importe quel adulte capable de lui donner des nouvelles. Mais quand je me suis assise à côté d'elle, elle a murmuré :

– J'ai mes règles.

– Hein ?

– Je crois que c'est ça. C'est forcément ça. Il y a une tache rouge dans ma culotte. J'ai mis du papier-toilette.

J'ai pas pu m'empêcher de me marrer, tellement sa réaction me paraissait déglingue. Et puis je me suis rappelé que moi aussi, la première fois, j'avais paniqué. Que c'est flippant de se mettre à saigner. Et que ma mère avait rien trouvé de mieux que de me dire que maintenant, je pouvais avoir des enfants, comme si ça tenait qu'aux règles, et pas aux relations sexuelles, comme si à partir de ce jour-là je pouvais me retrouver enceinte à tout moment, d'un claquement de doigts, et ça avait pas du tout arrangé ma crise d'angoisse. Alors j'ai juste dit à Dalila :

– Je dois avoir des serviettes, je vais t'en passer.

Mais quand j'ai ouvert le tiroir, j'ai vu qu'il en restait que deux et qu'en plus, c'était celles que j'avais récupérées à l'infirmerie, des modèles énormes, plus proches de la couche que de la serviette, avec des rabats collants qui ressemblaient à des ailes de deltaplane et qui devaient gratter à mort.

– Faudra demander aux gars d'en rapporter au prochain raid, j'ai dit en lui en tendant une.

Dalila est devenue encore plus rouge et elle a chuchoté très vite qu'elle préférerait que personne sache, et qu'elle aurait trop honte de demander ça à Oli, qu'il allait se foutre d'elle et qu'elle pouvait se débrouiller sans rien, le papier-toilette ça irait, la preuve ça allait.

Ça m'a foutue en colère de l'entendre dire ça. Parce que chez moi, c'était la même chose : mon paternel refusait de passer à la caisse du supermarché quand il y avait des serviettes hygiéniques ou des tampons. Ça blessait sa virilité, apparemment. Il disait : Et s'il y a un voisin qui vient me saluer ? Je me souvenais aussi de ma mère qui criait que les voisins devaient bien savoir comment on faisait des gosses puisqu'ils en avaient toute une tripotée et puis elle finissait par m'envoyer moi pour acheter les trucs. En les posant sur le tapis, je flippais à mon tour à l'idée que quelqu'un me voie, puisque apparemment ça devait pas être fait en public ce genre de choses.

– On est des filles, j'ai dit à Dalila, donc on a nos règles, donc on a besoin de serviettes hygiéniques. Pourquoi on le cacherait ? Ça aide personne de laisser les mecs grandir en sachant rien du corps des filles ou en croyant que c'est sale.

Ils deviennent des machos de base. Moi j'ai d'autres ambitions pour Oli. Et puis c'est pas juste que nous on doive tout le temps avoir honte. Garder tout un tas de trucs secrets. Quand on a décidé qu'ici c'était une zone d'égalité, ça voulait dire ça aussi.

Elle a murmuré un merci vraiment minuscule. J'ai dit :

– C'est moi qui le rajouterai sur la liste de demain, Dalila. T'inquiète.

Son deuxième merci était carrément plus franc. Elle a même lâché un sourire.

– T'as besoin d'aide ? j'ai demandé en lui montrant la serviette.

Elle a haussé les épaules et elle a dit :

– Si nos mères sont capables d'en mettre, j'imagine qu'il faut pas un diplôme d'ingénieur.

Quand on a fait le bilan des ateliers, à la fin du mois, tu avais l'air tellement crevé, presque triste, j'ai eu peur que tu lâches. L'enthousiaste habituel, c'était toi – et moi ça me permettait de râler sans conséquences. Si tu m'opposais plus ta bonne humeur, on aurait l'énergie de rien. Tout à coup, j'ai réalisé que beaucoup de choses au Winston High dépendaient de toi Elijah, et de ta naïveté souriante. Cette même naïveté qui me donnait parfois envie de te filer des claques. Il fallait que j'en prenne soin comme je prenais soin du sourire des petits. C'était ça aussi la zone libre de Winston : on avait tous le droit de se reposer sur les autres, par moments.

Enfin, moi peut-être pas, mais toi si. Alors, j'ai suggéré qu'on organise une soirée surprise pour Halloween : notre première fête ici. Est-ce que tu avais des idées ?

– Si on arrête d'obliger les petits à se laver, ils auront de très bons déguisements de zombies gratos.

J'ai pas pu me retenir de rire.

– Je ne sais pas, tu as repris. Halloween pour moi, c'était surtout l'occasion de faire le tour du quartier avec les copains. Je pouvais traîner jusqu'à tard et puis on jetait un œil à l'intérieur de toutes les maisons qui nous intriguaient, celles des voisins dont on était jaloux, celles des voisins bizarres… Mais cette année, vu qu'on crèche ici incognito, je nous vois mal envoyer les petits sonner aux portes pour récolter des bonbons.

– S'il n'y avait que moi, je m'en foutrais pas mal. J'ai jamais aimé Halloween.

– Anna, oh Anna, tu as chantonné d'un air faussement désespéré, est-ce qu'il existe seulement quelque chose que tu aimes ?

– Bien sûr que oui.

– Ah bon.

Tu n'avais pas l'air d'y croire une seconde.

– J'aime Chris et Bog, j'ai dit.

– Hmm.

– J'aime bien quand le lac gèle.

– Hin hin.

– J'aime… heu… quand j'ai l'impression d'avoir accompli une tâche surhumaine.

– Mégalo.

– Crétin.

J'ai cherché des souvenirs heureux pour te prouver que tu avais tort :

– J'adorais l'émission radio du matin qui passait sur *The Lake,* celle dans laquelle on pouvait entendre Mr. Garbage.

Tu t'es mis aussitôt à prendre la voix du présentateur – *Bonjour et bienvenue sur 106.5 The Lake, vous n'êtes sûrement pas bien réveillés… et moi non plus, sinon jamais je ne vous aurais passé ce titre* – et puis tu t'es arrêté et tu es devenu tout pâle.

– Quoi ? j'ai demandé

– Mon père l'imitait super bien, tu as répondu avec la tête de quelqu'un qui va vomir son goûter.

J'ai approché une main hésitante de ton épaule et je t'ai un peu secoué.

– On est quand même mieux sans adultes, non ?

– Ouais…

Tu as hésité et tu as dit :

– Ma mère a quitté mon père, son patron l'a lâché, il a dû vendre la maison… Je me demande si ça ne le disqualifie pas en tant qu'adulte.

– Et son fils s'est barré en douce, j'ai ajouté. Oublie pas ça.

Je t'ai fait un clin d'œil et je me suis levée d'un coup pour sauver Bart qui s'étranglait avec son Oreo.

Le concours de déguisements commencera dans une heure à la cafétéria. Je répète : le concours de déguisement…

Quand on laissait Dean faire les annonces dans les haut-parleurs, il avait tendance à donner à chacune le côté mystérieux d'un message codé. Tu t'es marré en l'entendant. Tu étais en train d'aider Zhou à fixer des mandibules en fil de fer sur son serre-tête. J'essayais de nettoyer les mains des jumeaux qui s'étaient couverts de charbon en se maquillant en… je savais pas exactement quoi mais eux avaient l'air de savoir et c'était le plus important.

– Bon, tu as dit en te relevant, il va falloir que j'aille me préparer moi aussi.

J'ai dû faire une drôle de tête parce que tu as ajouté :

– Quoi ? Tu as cru que je n'allais pas participer ?

Ouais. Quand on avait lancé l'idée d'un concours de déguisement sur le thème « ce qui vous fait vraiment peur », j'avais pas pensé que les grands s'y mettraient aussi. C'était surtout pour éviter que les petits soient trop déçus par l'absence d'un vrai Halloween. Au cours des expéditions, Oli et Shark avaient essayé de se concentrer sur l'objectif bonbons mais ils avaient pas trouvé grand-chose : un paquet de marshmallows sur le point de périmer, un énorme jaw-breaker et quatre paquets de chewing-gums. Comme ça faisait maigre, on s'est dit qu'on en ferait des lots pour les gagnants du concours.

– J'adore les vieux marshmallows, tu as dit en te barrant de la pièce. Je n'allais pas laisser passer une telle chance !

Les mains des jumeaux avaient l'air presque propres. Je les ai laissés finir de s'habiller. Ils avaient récupéré un grand rideau noir, le truc qui masquait les fenêtres de l'auditorium quand on y passait des films, au temps où Winston High fonctionnait encore.

– Pourquoi on peut pas aller sonner aux portes, Anna ? a demandé Chris.

– Sonner aux portes, Anna ? a ajouté Bog qui avait l'habitude irritante de servir d'écho à son frère.

Je leur ai ébouriffé les cheveux.

– On a tout ce qu'il faut ici, non ? Pas besoin de sortir.

Ils avaient quand même l'air déçu.

Le concours de déguisement aura lieu dans dix minutes. Je répète : dans dix minutes.

Dans les couloirs du Winston High, plus personne n'était visible. Ils étaient tous dans leur chambre à tenter de donner de l'allure à leur costume à deux balles. J'ai marché sans aller nulle part, montant et descendant l'escalier. Petit à petit, les autres ont commencé à sortir et à gagner l'auditorium. C'est Dean qui jouait le présentateur et la scène servait de podium, comme pour un défilé de mode.

– On applaudit Zhou et son très joli costume d'araignée ! Et maintenant un tonnerre d'applaudissements pour Oliver le serial killer ! Faites du bruit pour Chris et Bog dans leur magnifique tenue de… heu… de… Vous êtes quoi en fait les gars ?

– Des chauves-souris siamoises ! ont piaillé mes frères d'une seule voix.

– Hourra pour les chauves-souris siamoises ! a enchaîné

Dean sans se démonter. Et bravo à Lily pour son costume de vieille dame psychopathe !

Quand tu es monté d'un bond sur la scène, il y a eu un moment de silence gêné. Dean s'est raclé la gorge. Tous les regards se sont tournés dans ma direction.

Tu t'étais déguisé en moi.

Novembre

Anna

Les après-midi n'existaient plus. Tout à coup, il faisait noir et les petits se mettaient à être bizarres, un mix de peur et de surexcitation qui les rendait difficiles à gérer. Ils étaient humains seulement la journée, et la nuit ils redevenaient d'étranges animaux couinants.

Les feuilles tombaient, c'était une vraie galère : plus rien pour nous abriter des regards, tous les pâtés de maisons autour semblaient s'être rapprochés. Même les pavillons pourris de l'autre côté de l'autoroute paraissaient avoir été construits juste sous notre nez.

– Interdiction d'allumer la lumière !

Je répétais ça en boucle. Je m'étais mise à faire des rondes dès que le soir tombait.

– Pas de lumière, on se ferait repérer.

Mais j'avais beau le chuchoter, le gueuler, supplier, je finissais toujours par trouver quelqu'un qui se foutait du couvre-feu. C'était normal. Personne voulait aller se coucher à 17 heures, personne pensait à baisser les stores avant d'allumer une bougie et s'ils avaient envie de pisser au milieu de la nuit, ils tendaient la main vers l'interrupteur sans réfléchir.

Le soir de l'élection d'Obama, ça a atteint des sommets. Le matin, on a voté la tenue d'une veillée autour du poste radio de Luka pour suivre l'événement. Les petits étaient fous de joie de pas avoir à aller se coucher. Oli était de surveillance sur le toit mais il avait été autorisé à descendre en vitesse tous les quarts d'heure pour venir aux nouvelles. Il a quand même raté de quelques minutes l'annonce de l'élection. Il était vert. Quand le président a dit que celle-ci avait été rendue possible grâce « aux jeunes qui ont refusé le mythe d'une génération apathique », Luka s'est mis à se marrer et il a dit :

– On dirait qu'il parle de nous.

Tu as souri d'un air entendu et moi, j'ai râlé :

– Dites, les gars, y a que vous qui savez ce que ça veut dire apathique. Vous nous expliquez ?

Elijah

Apathique, ça voulait dire sans énergie, sans passion. C'était ce que disait mon père quand il me trouvait vautré devant la télé. Je l'ai expliqué aux autres et Oliver a répondu qu'en gros c'était être une moule. Il n'avait pas tort.

– Fermez-la, a supplié Dean.

Obama était en train de dire à la radio « Il y aura des échecs et des faux départs. Il y en a beaucoup qui ne seront pas d'accord avec toutes les décisions». Il parlait des siennes, bien sûr, mais moi je l'ai entendu parler des tiennes. Je n'étais sûrement pas le seul. On a essayé de ne pas se regarder. Et puis il a dit «Cette victoire seule ne représente pas le changement que nous cherchons». On a retenu nos souffles. Et enfin, il a assuré «À ceux qui veulent détruire le monde: nous vous vaincrons.» Chris s'est tourné vers toi pour dire:

– S'il est gentil, le nouveau président, il nous laissera peut-être rester ici pour de vrai?

C'était exactement ce que je pensais. Et si ce nouveau gouvernement était notre chance? Si des projets comme le nôtre pouvaient être officiellement reconnus, soudain? Tu as ébouriffé les cheveux de ton frangin comme s'il venait de faire une blague un peu idiote mais j'ai vu à ton regard rêveur, ralenti, que tu te posais les mêmes questions que moi.

Anna

C'était une belle soirée, émouvante et tout. J'avais la gorge serrée quand Obama a commencé sa liste de tous les trucs fous qui avaient été accomplis alors que personne n'y croyait et qu'il répétait *Yes, we can* avec tellement de conviction qu'on s'y est mis, nous aussi, autour de la radio.

Yes, we can!

Yes, we can!

Yes, we can!

Mais quand Dean et Lily sont montés relayer Oli et qu'ils en ont profité pour gueuler l'hymne national sur le toit, j'ai dû remettre ma casquette de rabat-joie : tout le monde au lit, maintenant, hop, et de nouveau la petite chanson « Interdiction d'allumer les lumières ».

Luka et toi, vous êtes restés traîner un peu près du poste radio, comme si vous aviez peur que les infos puissent annoncer qu'en fait, c'était annulé tout ça. Je suis allée me coucher. J'étais crevée et surtout, depuis le début du mois, le début du froid, j'avais remarqué qu'il valait mieux s'endormir tôt, avant les heures glacées entre minuit et quatre heures. Je me suis glissée sous les vieilles couvertures et j'ai essayé de calmer la voix dans ma tête qui répétait *Yes, we can.*

Je sais pas combien de temps a passé avant que je sois réveillée par les hurlements.

Elijah

J'étais encore à discuter avec Luka quand ça a commencé. Il me disait qu'il doutait de ce que pouvait faire Obama, malgré le beau discours, malgré le changement annoncé. Il disait : c'est toujours un candidat du système, toujours un candidat de l'argent. Et puis là, les cris, horribles. D'abord un hurlement isolé, et puis plusieurs voix qui se mêlent.

Luka

Mais qu'est-ce que c'est que ce bordel ? On se croirait dans un chenil, merde !

Chris et Bog

On crie. On sait même pas si on est réveillés ou si on dort. Mais on crie le plus fort possible. Et ça nous rassure un peu de crier, d'entendre la voix de l'autre. Crie encore. T'arrête pas. Anna va nous entendre. Anna va nous sauver.

Dean

Je crie. Je ne sais pas pour qui je crie, vers qui je crie mais de l'autre côté du couloir, j'entends Bart qui se déchire la voix à hurler :

– Allez-vous-en ! Allez-vous-en !

Alors je me mets à crier :

– Intrusion ! Quelqu'un est entré dans le lycée ! Il est dans la chambre de Bart !

Oliver

J'entends la voix de Dean et ça se met à bouillir dans ma tête. Je sais pas si je suis terrifié ou furax ou les deux. Je cherche un truc avec lequel on pourrait se défendre. Mais Anna a confisqué les lampes avec son histoire de couvre-feu. Je suis à quatre pattes sur le sol de la salle de maths et à tâtons, je trouve surtout des chaussettes sales. Je pourrais essayer d'asphyxier l'intrus avec. Celles de Shark, elles puent vraiment la mort.

Pendant que je renverse tout sur le sol, je crie pour faire passer l'alerte :

– Quelqu'un dans la chambre de Bart ! Bougez-vous !

Dalila

C'est moi qui suis le plus près. Je sais. Mais j'ai trop peur pour sortir. En plus, j'ai toujours dit que Bart aurait pas dû avoir une chambre rien que pour lui. Il est trop petit. Quand Sophia était là, elle dormait avec moi. C'était une évidence.

Et maintenant, comme elle, Bart va disparaître. Peut-être qu'il y a une malédiction qui frappe les petits dans ce lycée. Peut-être que c'est notre punition pour nous être enfuis.

Chris et Bog

On crie. Quand on est fatigués de crier, on pleure et puis on se remet à crier. Enfin, la porte s'ouvre.

Luka

Mais qu'est-ce que c'est que ce bordel, merde, on dirait un chenil ! ?

Anna

J'entre dans la salle où ça crie le plus fort. Normal, ils sont deux. Je trouve pas l'interrupteur, il y a des trucs gluants qui me touchent, je me mets à crier un peu aussi. Quand j'arrive enfin à allumer, je me rappelle que Dean et Lily ont foutu toutes les plantes du bahut dans leur chambre et que ce sont juste des feuilles qui me frôlent.

– Qu'est-ce qui se passe, merde ?

– Quelqu'un dans la chambre de Bart.

Elijah

Luka a dit :

– Les petits d'abord. Tu prends Bart. Je m'occupe des jumeaux.

Il est parti vers un bout du couloir et moi vers l'autre. Quand tu sors de la chambre de Dean et Lily, on se rentre dedans.

Anna

– Quelqu'un dans la chambre de Bart !

Elijah

C'est à ce moment-là que je remarque que tu as le téléphone d'urgence, le téléphone secret, serré dans ta main droite. On le regarde tous les deux. Ce serait tellement simple d'appeler le 911.

Anna

Est-ce que c'est déjà la fin ? Est-ce qu'on a déjà besoin des adultes ?

Elijah

J'ai honte de l'avouer mais je t'en veux de ne pas avoir appelé dès le début de l'alerte. Ça m'épargnerait d'avoir à me demander si c'est dangereux ou non d'entrer dans la chambre de Bart.

Oliver

J'ai fini par démonter un des bords métalliques du tableau noir. Je sors dans le couloir en guettant de tous les côtés. Devant la porte de Bart, au bout, il y a qu'Elijah et Anna.

Ah non, tiens, maintenant, il y a Luka.

Luka

Je dis le plus calmement possible :
– Tu devrais poser ce téléphone.
Je ne sais pas si elle m'entend au milieu des cris.

Elijah

Maintenant qu'on est quatre, ça paraît faisable. Oliver a même des allures de chevalier à l'épée avec ce truc qu'il brandit. Je propose : on compte jusqu'à trois ?

Oliver

Un.

Anna

Deux.

Luka

Trois.

Bart

Il y a de la lumière d'un coup dans la chambre. Un grand bruit. Et trop de visages à la fois. Quand je me réveille, je vois que je suis tout entortillé dans les draps. Et j'ai des larmes séchées sur la figure. Ça m'arrive parfois. Ça fait comme un masque en carton. Je regarde les grands qui sont entrés et ça me fait plaisir de les voir. Je dis :

– Je faisais un cauchemar horrible. Il y avait un vieux qui puait qui voulait vivre dans ma chambre pour pouvoir m'arracher les dents pendant que je dormais.

Anna

– Je les comprends, les petits qui cauchemardent. C'est un miracle que personne ne soit venu jusqu'ici déjà, a dit Luka.

J'ai pas répondu. Parler franchement de la fragilité de notre situation me faisait peur. J'imaginais, peut-être, que tant qu'on abordait pas le sujet on en était protégés. Au moins un peu.

On avait réuni tout le monde tant bien que mal dans ta chambre pour la nuit, puisque c'était la plus grande et qu'on savait que sinon personne pourrait dormir. On gardait notre troupeau de petits comme des bergers. Et on chuchotait dans le noir.

– Pourquoi ça vous fait peur ? tu as demandé. Quelqu'un qui se pointerait ici n'aurait pas forcément de mauvaises intentions…

On a pas répondu, tu as insisté :

– Ne me dites pas qu'aucun des parents de ces gosses ne les recherche ! Ce serait si surprenant que l'un d'entre eux arrive ici ?

Ça avait l'air de te faire mal au cœur de penser que des familles pouvaient se foutre de leurs gamins. De voir le petit visage de Zhou, les traits identiques de mes deux frangins, les yeux immenses de Bart derrière ses carreaux de myope et de te dire que leurs parents voulaient pas les retrouver. Tu te tuais à prétendre le contraire, mais tu continuais à croire qu'au fond, les adultes sont bons.

– En attendant, j'ai dit, faut faire quelque chose. Ou à la prochaine attaque de panique, on aura des crises cardiaques.

Luka a haussé un sourcil :

– Surtout qu'on a affaire à des gamins qui ont souvent vécu à sept ou huit dans des baraques de poche. Ça doit les faire flipper tout cet espace autour d'eux.

C'est là que l'idée m'est venue. Ce qu'on allait faire pour les gamins. Pour qu'ils dorment ensemble, rassurés et finis les cauchemars :

– On va faire une cabane, un fort. Murailles d'oreillers, sol de couettes, toit de draps et tout et tout. En plus, on aura plus de tournée interminable à faire pour surveiller les lumières, on les aura tous sous la main.

Dit comme ça, ça sonnait un peu comme une prison mais j'étais sûre de moi :

– Y a pas un gamin qui puisse résister à une cabane.

Elijah

En bon fils unique, la perspective de partager mon intimité

avec la marmaille qui me cassait les oreilles toute la journée me réjouissait peu. Mais aucun de nous n'était prêt à revivre une nuit comme celle qui allait bientôt s'achever.

– Allez-y, je baby-sitte, a dit nonchalamment Luka.

En un mouvement synchro, on a rallumé nos lampes frontales. Tu galopais déjà sur les marches du grand escalier. J'ai pas osé courir trop vite parce que ma ceinture était devenue trop grande et que je ne voulais pas perdre mon pantalon.

Anna

Les caves, je les avais déjà inspectées rapido pendant les premiers jours. C'était un système de boyaux qui donnait sur des petites salles, des armoires électriques, des tas de tuyaux ou des marches pétées qui menaient je sais pas où... C'était un coup à y perdre la moitié des Winstoniens. J'avais cadenassé la porte et fait comme s'il y avait pas de clé. Mais si je me souvenais bien, une des petites salles du sous-sol contenait de grosses malles bleues pleines d'oreillers durs comme du ciment, de couvertures mitées et d'alèses façon maison de retraite. Ça ferait des remparts d'enfer pour le fort.

Arrivée devant la porte, j'ai tiré de ma poche le trousseau qui ne me quittait jamais et devait peser un demi-kilo.

– La Maîtresse des clés, tu as murmuré sur un ton qui pouvait être admiratif comme tout à fait ironique.

Tu étais très fort pour ça, tu te foutais de tout et de tout le monde mais jamais suffisamment pour qu'on soit sûrs d'être la cible de tes sarcasmes. Quand j'allais encore au lycée, la prof de lettres nous parlait de *l'ironie en demi-teinte* de certains auteurs. Et à l'époque, ça me paraissait être juste de la lâcheté : les types osaient pas montrer qu'ils se foutaient ouvertement de quelqu'un. Ils s'obligeaient à être polis, comme la plupart des adultes hypocrites. Maintenant que je rencontrais une incarnation de l'ironie en demi-teinte, je me disais que ça avait une certaine classe.

On est entrés dans les couloirs étroits, bas de plafond et plus sombres encore que tout le reste du bâtiment. Ça sentait le moisi, la poussière et les années d'air immobile. Les portes des petites caves avaient un numéro peint sur leur grand rectangle métallique, comme on voit sur les caisses de l'Aéropostale dans les vieux films américains.

– Tu sais quelle porte on cherche ?

– C'était 300 quelque chose, j'ai répondu, pas trop sûre.

– Je m'attends à tomber sur la 666 d'une minute à l'autre.

J'ai pas répondu et j'ai continué à avancer. Sur le sol, il y avait des amas de gravats ou de choses plus molles, comme des tas de vieilles serpillières sur lesquels on trébuchait. On se cognait l'un contre l'autre dans des excuses étouffées. Mon silence a dû te perturber, tu as repris :

– Tu sais, 666… c'est le chiffre du diable. Vu l'endroit, ce serait…

Je me suis retournée subitement. Tu as eu un peu peur et tu as reculé d'un pas. Manque de pot, derrière toi, il y avait ces saloperies de serpillières. Tu as perdu l'équilibre et tu es tombé sur le cul. Je t'ai tendu une main charitable.

– Qu'est-ce que j'ai encore fait pour m'attirer ta colère ? tu as demandé en te levant et en t'époussetant.

– Colère ? j'ai répondu avec un grand sourire. Quelle colère ? En fait, tu me fais bien rigoler. Tu es en train de m'expliquer la Bible alors que je suis d'une famille polonaise. Les Évangiles, chez nous, on les mangeait au petit déjeuner !

Elijah

Explorer les profondeurs du Winston High, c'était de la rigolade. Ce qui me foutait vraiment la trouille, c'était partir à ta découverte. Jusqu'à présent, tu avais réussi à garder ton passé aussi secret que ces longues galeries souterraines mais, enfin, j'avais trouvé une porte d'entrée.

– C'était comment, la Pologne ?

– Qu'est-ce que j'en sais ? La dernière personne à y avoir mis les pieds, c'est ma grand-mère. 250, 251… On y est presque.

Je n'avais pas envie qu'on y soit parce que je voulais que tu continues à parler.

– Mon père disait souvent qu'on irait mais il tenait aussi mal ses promesses que l'alcool. Pas besoin de faire des efforts puisqu'il suffisait de se pointer à l'église chaque dimanche pour être pardonné. C'est là qu'il a rencontré Nadya.

– Ta mère ?

Tu as fait la grimace.

– Pondre trois gamins, ça suffit pas pour être mère. C'est pas elle qui nous a nourris, habillés, torchés. Pour ça, on pouvait compter sur ma grand-mère, les voisines et les assistantes sociales.

Je m'en voulais presque de m'être lamenté sur ma propre famille, un modèle d'équilibre comparée à la tienne.

– Va pas croire que je suis en train de pleurer. C'était pire pour Dean et Lily. J'ai pas eu à subir la colère d'un révérend qui pardonne rien. 289… 290… Pire pour Oli. Au moins, mon paternel m'a jamais frappée. 299… 300, voilà, c'est ici.

De toutes nos forces, on a poussé la porte métallique jusqu'à ce qu'elle nous dévoile des étagères remplies de couvertures. Je dis couvertures mais elles ressemblaient plus à des sacs à patates, du genre qui vous gratte et cache cent générations d'acariens. Toujours un peu secoué par ma glissade, j'ai failli m'écrouler quand tu as commencé à empiler notre butin sur mes maigres épaules.

C'est au deuxième étage, dans l'ancienne salle des professeurs, qu'on a établi notre moelleux royaume. Il a d'abord fallu recouvrir le sol de couvertures puis le plafond de grands draps accrochés entre un tableau en liège et une machine à café hors service. Ça m'a fait chaud au cœur de voir chacun y mettre du sien malgré la fatigue. De voir Luka porter Bart sur ses épaules pour qu'il enfonce une punaise et Oliver se creuser la tête pour baptiser notre nouveau royaume Fort

Édredon. J'ai repensé au *Yes, we can* du président fraîchement élu. Oui, on pouvait. Aujourd'hui une cabane et demain ? J'entendais Dean remuer près de moi et je lui ai lancé :

– C'est chouette, Obama et tout.

– Comment ça ?

– C'est chouette pour vous.

Ça a suffi pour qu'il sorte la tête de sa couverture. J'ai entendu Lily soupirer quelque part.

– Il a dit quoi là ?

– Comment ça, chouette pour nous ?

– Vous les…

Je bégayais.

– Nous les citoyens américains ?

– Laisse-le finir sa phrase, Lily. Finis ta phrase, Elijah.

Dean a mis fin à mon agonie en riant aux éclats.

– Oui, c'est chouette. Pour les Noirs. Pour les Américains. Peut-être que les temps vont enfin changer !

Quelqu'un a crié vos gueules on veut dormir et on a essayé.

Anna

La première nuit dans Fort Édredon avait été courte. Je me suis pointée à l'atelier cuisine avec la marque de l'oreiller qui me prenait toute la figure. J'arrivais pas à savoir comment Oli et Shark avaient trouvé le courage de se lever à l'aube pour leur raid. Surtout avec ce froid. Mais ils l'avaient fait et toi et Luka vous étiez occupés à ranger et trier leur butin avant le début de l'atelier. Sauf que vous aviez l'air un peu trop sérieux pour être en train de papoter petits pois ou brioches.

– C'est quoi, le problème ?

On la posait cent fois par jour, cette question. C'était devenu plus habituel que bonjour.

– On a reçu plus que le *Herald*, cette fois, a dit Luka en me tendant une feuille de papier froissée.

Dessus, en aussi grand que possible, il y avait le visage de Zhou, la date de sa disparition, la description des vêtements qu'elle portait et le numéro de ses parents à appeler *DE TOUTE URGENCE* si on avait la moindre info.

– Apparemment, il y en a dans toutes les vitrines et sur les poteaux électriques.

Tu as dit ça avec un mélange d'inquiétude et de joie. Je sais qu'au fond de toi, ça te faisait plaisir de penser qu'on la cherchait, cette gamine. Moi, ça me foutait juste le rythme cardiaque en l'air d'imaginer toute une ville sur les dents pour retrouver Zhou.

– Il faudrait peut-être qu'on leur rende, a dit Luka de son ton habituel, comme s'il parlait d'un objet qu'on avait emprunté.

– Si elle est venue ici, c'est qu'elle avait une raison. On fout personne dehors.

Il y en avait pas un parmi nous qui savait ce qui avait poussé Zhou à nous rejoindre. C'était quand même pas simplement parce qu'elle avait vu de la lumière ? Ça m'était égal ce que les affiches racontaient sur les souffrances de ses parents. Le silence de la petite me parlait bien plus.

– Tu planques ce torchon avant que les autres arrivent pour l'atelier, j'ai dit à Luka. Et on avance.

Tu m'as lancé un drôle de regard. Comme si tu avais un peu peur de moi. Je me suis demandé si j'avais crié.

– On est hyper bas en semoule et en pâtes, a dit Luka en réduisant le tract en une boule qu'il a jetée dans la poubelle. La seule chose qu'il nous reste massivement en stock, c'est du riz. Je propose qu'on fasse l'atelier du jour autour de ça. Qu'est-ce qu'on fout dans un *fried rice*, ce genre de trucs.

– C'est une vraie question, j'ai continué en inspectant les placards. Qu'est-ce qu'on va bien pouvoir foutre dans ce riz ? Il reste que des trucs débiles.

– C'est tout le charme de cet atelier : transformer les trucs débiles en recettes de génie.

– Arrête, Luka.

– Non mais ça reste dégueulasse, c'est sûr. Seulement, comme c'est eux qui l'ont fait, ils sont contents de le manger.

On a sorti des placards tout ce qui pourrait être utilisé : des noisettes, des raisins secs, de la canneberge, des œufs, une tranche de bacon qui tirait franchement sur le vert, un reste de crème aigre et un énorme bocal de cornichons doux (Slavic Village, ça voulait aussi dire épiceries slaves), de l'huile, de la margarine, du sel, du poivre, des câpres, et deux boîtes de sardines.

Les autres Winstoniens ont commencé à arriver. Leurs têtes racontaient toutes la même petite nuit.

– Qui est sur le toit, ce matin ? tu as demandé en les regardant défiler.

– Dean et Bart, j'ai répondu.

Luka a commencé à expliquer le thème du jour. Il y a eu des bruits de casseroles, d'éclaboussures et les couinements des petits quand ils essaient d'ouvrir un truc. J'ai un peu décroché. Dans les ateliers cuisine, toi et moi, on était surtout là en renfort. Pour éviter qu'un gosse se brûle ou s'ébouillante. Sinon, on les laissait créer avec notre chef attitré. Alors, tu en as profité pour t'approcher de moi et me glisser :

– Tu peux jeter le truc à la poubelle, Anna. Ça ne fait pas disparaître le problème.

– Je m'en rends bien compte, j'ai dit. Tu es encore là.

Tu as fait semblant de t'intéresser à la notice nutritive sur les cornichons. J'ai aidé Bog à séparer un blanc d'un jaune (il voulait faire du riz carbonara, apparemment). Tu es revenu à la charge, en me montrant Zhou de la tête :

– Elle est trop petite pour avoir vraiment choisi d'être ici. Elle ne comprend pas.

– Elle a pas non plus choisi de naître dans sa famille. C'est dégueulasse de vouloir qu'elle y retourne.

– Mais merde, Anna ! C'est la loi.

On parlait sans doute un peu trop fort, et de l'autre côté de la table, Luka nous a adressé la phrase habituelle :

– C'est quoi, le problème ?

On a secoué la tête en disant dans un bel ensemble qu'il n'y en avait pas.

À ma gauche, Chris et Lily étaient en train de se chamailler au-dessus de la boîte de margarine. Ils voulaient tous les deux utiliser ce qui restait.

– Depuis quand ça nous intéresse, ce que dit la loi ?

Tu as haussé les épaules, un peu gêné. Tu as murmuré que tout n'était pas à jeter dans les textes. Je t'ai dit que si tu parvenais à faire parler Zhou, on pourrait réfléchir. Mais qu'en attendant, on la protégeait, comme tous les autres. Je suis sûre que tu aurais eu des tas d'objections à faire si tu en avais eu l'occasion. Sauf que le ton est monté entre Chris et Lily et que nos chuchotements ont été vite recouverts.

– C'est débile de te laisser la margarine ! a crié Lily qui, quand son frangin était pas là, était toujours plus agressive. Tu sais même pas faire la cuisine ! Tu vas la gâcher !

– Et c'est débile de te la laisser, a répondu Chris qui tenait la boîte serrée contre lui comme un trésor, parce que de toute manière tu es déjà grosse comme une baleine !

Tu as sursauté comme si tu avais été giflé et tu as aussitôt crié, de ta voix la plus sévère :

– Chris !

Il a jeté un regard vers toi et a bredouillé pardon avant de se retourner vers Lily pour gueuler de plus belle :

– Je RESSENS que tu es grosse comme une baleine !

Elijah

Elle était nulle, cette matinée. Le tract, les insultes, notre engueulade, tout me faisait mal. Et j'étais sûr que le riz allait être immangeable.

Tu as demandé à ton frère de s'excuser. Il l'a fait sans avoir l'air de comprendre où était le problème. Lily a haussé les épaules. Luka a confisqué la margarine. Quelques minutes plus tard, c'était oublié. Lily m'impressionnait: elle n'avait aucun problème avec son corps grassouillet. Elle adorait emprunter les vêtements de Dalila, par exemple, porter des T-shirts trop serrés et trop courts dont dépassait la bouée de son ventre. Quand elle chantait, et même s'il s'agissait d'hymnes religieux, elle se trémoussait à la manière de Beyoncé. Il était clair qu'elle n'avait pas honte de son physique. Je ne savais pas comment elle faisait.

Moi, enfant, j'avais été gros. Ça m'avait beaucoup complexé. Peut-être parce que j'avais conscience que ça gênait ma mère qui aurait voulu que son enfant soit joli, mignon, parfait et qui soupirait quand elle me voyait me déshabiller avant d'aller au lit. Peut-être parce que je n'avais pas la force de Lily et qu'être gros m'avait poussé à bouger le moins possible pour ne pas prendre le risque d'offrir le spectacle de bourrelets qui gigotent. Quasi paralysé comme j'étais, ça n'avait pas été facile de me faire des copains. Et c'était sans doute mieux comme ça parce que les rares fois où j'allais à des anniversaires, je me cachais pour déguster ma part de gâteau: je savais qu'un gros en train de manger attirait les insultes ou les moqueries. Les mots de Chris, baleine, cachalot, tout ça, je les avais souvent entendus. J'en avais même pleuré. Et puis, miracle de l'adolescence, je m'étais mis à grandir et mon corps avait cessé d'être une boule. À partir de là, filles en délire, carrière d'athlète, etc.

Anna

Quand on est sortis du réfectoire, tu m'as dit qu'il fallait qu'on reparle des moqueries contre les gros. Je t'ai dit qu'il fallait qu'on parle de ton amour des lois parce que ta phrase m'avait fait halluciner. Tu as dit que c'est toi qui avais demandé le premier à parler. Je t'ai dit que tu pouvais aussi parler tout seul. Tu m'as dit d'arrêter de partir au quart de tour et de tout prendre de haut. Je t'ai dit :

– Tes histoires de gras du bide, Elijah, j'en ai rien à foutre. C'est clair ? Par contre, ça me fait flipper d'avoir l'impression que demain matin je peux découvrir que tu t'es barré pour amener Zhou à la police. J'ai pas envie de me dire que je vis avec un traître.

Ton visage s'est fermé d'un coup et tu as lâché, lèvres serrées :

– Je ne ferais jamais ça.

– Je sais, pardon. Je suis fatiguée.

– Moi aussi.

– Je ne le disais pas pour m'excuser.

– J'avais compris.

Ambiance.

Elijah

Malgré tout son confort, Fort Édredon n'était pas le remède idéal à mes insomnies : l'odeur mêlée de douze corps dans un espace aussi restreint, les reniflements des enrhumés qui se contaminaient joyeusement les uns les autres, les quintes de toux aggravées par la poussière des vieilles couvertures.

On dormait dans le ventre de la cabane géante depuis une semaine quand j'ai hérité de la surveillance de nuit au lancer de dés. Ça tombait parfaitement : j'avais besoin d'air. Je suis monté m'installer sur la chaise pliante sur laquelle se relayaient les différents guetteurs. Lorsque c'était un petit ou un moyen qui écopait du tour de garde, on lui adjoignait toujours un acolyte. Mais pour toi, Luka et moi, être là-haut ça voulait aussi dire être enfin seul. La vue sur le Slavic Village était imprenable et, tout en tâchant de rester le plus discret possible, j'étais aux premières loges pour le spectacle des lampes de chevet qu'on éteint, des télévisions devant lesquelles on s'endort, des feux de circulation devenus boules à facettes pour chats de gouttière. Au loin résonnaient l'inquiétante complainte des sirènes de police, les hurlements désespérés d'une alarme de voiture et le ronronnement réconfortant d'un groupe électrogène. Emmitouflé dans ma couverture, j'étais Batman, prêt à quitter ma cachette pour rétablir la justice dans une ville corrompue. Bientôt trois mois que je n'avais pas mis un pied dehors. C'était un drôle de sentiment de voir le monde tourner sans moi. J'aurais voulu partir explorer chacun de ces immeubles, chacune de ces ruelles, entendre les conversations, la musique, marcher au bord du lac Érié et sous les décorations de Noël de la Vieille Arcade. Que pouvait bien faire mon père par une nuit aussi froide ? Se souciait-il de moi depuis la chambre de son motel ?

– Ah, c'est toi, Bouclette…

C'est comme ça que j'ai découvert que tu fumais en cachette. Je trouvais que ça te donnait des allures de vieille, de tirer sur ta cigarette. Ça te durcissait aussi et tu n'avais pas besoin de ça. Je n'ai rien dit. Au bout d'un moment, tu as fini par te détourner du bord du toit et par me faire un petit sourire. Tu as voulu parler de l'atelier cuisine, je t'ai dit que ce n'était pas la peine. J'étais simplement heureux de te voir. Moins heureux qu'une rafale de vent vienne faire claquer la porte d'un coup sec et nous enferme dehors.

Anna

– Kurva !

J'ai juré en polonais – ça m'arrive quasi jamais – et je me suis précipitée sur la porte. J'ai poussé, j'ai tiré, j'ai secoué et j'ai même lancé deux ou trois coups de pied mais ça a servi à rien. C'est d'ailleurs ce que t'as pas pu t'empêcher de dire :

– Ça ne sert à rien.

J'ai quand même donné un dernier coup de pied. La porte a résonné comme un gong. Avec un peu de chance, quelqu'un l'entendrait depuis la cabane et viendrait nous délivrer.

En attendant, j'étais dégoûtée de pas avoir pensé à prendre ma couverture, comme toi.

– On partage, tu as dit dans un geste de grand seigneur.

– Y a intérêt, j'ai répondu.

Je pouvais pas m'empêcher de jouer les dures avec toi. C'était pas un mécanisme de défense – juste le plaisir de te surprendre. Là d'où tu venais, les filles ne se comportaient pas comme ça. Je les voyais parfois, les bourgeoises qui faisaient du shopping à la Vieille Arcade. Ongles vernis, cheveux lisses, ballerines, c'était clair qu'elles avaient jamais eu à faire la vaisselle sans eau chaude ou à éponger le vomi des jumeaux. Chaque fois que je mettais un bulldozer dans mes répliques, tu sursautais et puis, la seconde d'après, tu essayais de faire semblant de pas avoir sursauté.

Une fois enveloppée dans la pelure de laine, c'était agréable. Le froid piquait le bout du nez mais, même sans se toucher, nos corps se tenaient chaud sous la couverture. Et puis il y avait des étoiles partout. L'immensité du ciel. Ça faisait du bien de respirer.

– Tu sais ce qui nous manque ici ? tu as demandé en te dévissant la tête pour regarder je sais pas quelle constellation.

– Tu veux toute la liste ?

– Un chien.

– Plutôt crever.

Tu as dit que c'était un peu abrupt. On a de nouveau détaillé les étoiles, essayé de savoir si le point clignotant était ou pas un avion puis tu as insisté :

– C'est quoi ton problème avec les chiens ?

– Mon père a voulu élever un chien de combat quand il a perdu son travail…

J'ai repensé au sang sur le ciment défoncé de la petite cour à l'arrière de la maison. La flaque rouge qui était devenue une tache brune avec les années. Le mollet de mon frère pris entre les crocs de ce clébard débile et dangereux que mon père regardait avec admiration, la certitude qu'il allait le broyer, que la jambe était foutue. Les cris de ma mère. Les hurlements de Chris quand les mâchoires s'étaient refermées sur sa cheville. Les hurlements de Bog comme s'il avait été attaqué lui aussi. Mes mains qui glissaient sur le collier du chien et sur ses oreilles, sans réussir à l'écarter, à lui faire lâcher prise, mon père qui répétait *ne l'abîme pas, ne l'abîme pas…*

J'ai dû trembler ou peut-être même que les larmes me sont montées aux yeux mais tout à coup, j'ai senti ton bras autour de mes épaules. Tu murmurais, comme je fais quand les jumeaux ont un cauchemar :

– Ça va aller… Tout va bien.

Je ne t'ai pas repoussé. Clairement, tout n'allait pas bien mais j'avais envie d'y croire un peu.

– Tu crois que quelqu'un va monter nous ouvrir ? j'ai demandé.

– Tu crois que c'est vraiment grave si ce n'est pas le cas ?

Dans la nuit qui régnait tranquillement sur le toit, tu avais l'air plus vieux que d'habitude. À moins que ce soit ton séjour ici qui t'ait déjà transformé. Il y a certains mois qui comptent double dans une vie, et certains triple ou quadruple – c'est un peu comme au Scrabble, sauf que personne ne choisit les cases, ce sont elles qui vous sautent dessus. Malgré tes efforts quotidiens pour rester propre et bien peigné, tes boucles de cheveux commençaient à se coller entre elles à l'arrière de ta tête. Tu avais des cernes et même une ombre de barbe sur les joues qui devait t'émerveiller parce que tu la frottais souvent de la paume de ta main. Gratt, gratt, gratt, ça faisait. Un bruit apaisant.

– Les petits vont flipper s'ils voient ni toi ni moi.

– Luka est avec eux, tu as répondu.

– Je confierais pas un caillou à Luka, j'ai dit en riant.

– Tu le connais depuis longtemps ? Je ne t'ai jamais demandé.

Il y avait quelque chose de bizarre dans ta voix mais j'arrivais pas à savoir quoi. J'ai haussé les épaules :

– Tu sais, je les connais tous, ici. Sauf Zhou, qui est un mystère complet. Oli et Shark, je les garde depuis que j'ai douze ans. J'ai bossé deux étés au Deli où travaillait le grand frère de Bart avant qu'il parte pour l'Irak. Il est jamais revenu.

J'ai vu la tête peinée que tu prenais et je t'ai adressé une petite grimace :

– Te sens pas obligé de jouer le deuil par politesse. Je l'aimais vraiment pas. C'était le genre de type à qui l'uniforme donne une bonne excuse pour taper très fort. Mais bref, la petite boutique où on bossait, avec ses sodas et ses sandwichs au poulet, faisait de la concurrence à l'épicerie du père de Luka. Alors le vieux envoyait son fils nous menacer et nous dire qu'on avait des prix déloyaux. Luka traversait la route et bien sûr il passait jamais les messages. Il gesticulait pour que son paternel croie qu'il nous engueulait mais le plus souvent, il récitait des refrains de chansons tout en nous pointant de son doigt vengeur… Enfin, ça c'était le premier été. Celui d'après Luka n'a pas remis les pieds dans le magasin de son père. Le vieux, il disait que c'était parce qu'il étudiait dur pour avoir le maximum au SAT, mais moi je savais qu'il avait plus assez de clients pour avoir besoin de l'aide de son fils… Tu as déjà bossé, toi ?

Tu as toussé discrètement et pointé du doigt Cassiopée. Tu jouais super mal le type qui n'a rien entendu. Je t'ai donné un coup de coude.

– Réponds.

– Mon père m'a dégotté un stage l'été dernier dans la boîte d'un de ses amis.

J'imaginais bien. Il devait y avoir une machine à expressos et une fontaine à eau proposant trois températures différentes. Et quand il te croisait dans un couloir, le patron devait t'accueillir par un «Aaaah, Elijah, j'allais justement faire une pause déjeuner. Tu viens avec moi ? J'espère que tu aimes le homard». Je t'ai filé un nouveau coup de coude en déclarant :

– Ça compte pas.

Cette fois, tu as bloqué rapidement mon bras. Je me suis

un peu débattue en te maudissant mais tu avais une bonne prise. Quand j'ai levé les yeux sur toi, j'ai été étonnée par ton visage sérieux.

– Anna, attends, au lieu de faire mon procès, on peut continuer à parler de toi ?

– Pourquoi ?

– Parce que ça m'intéresse. Tu m'intéresses.

Tu as dit ça tout doucement. Je ne sais pas lequel de nous deux a détourné les yeux en premier, mais je sais qu'il a pas fallu plus d'un quart de seconde pour que ta réplique entraîne nos regards gênés vers des directions lointaines.

– Tu veux savoir quoi ? j'ai demandé de la voix la plus morne que j'avais.

– L'argent que tu gagnais avec le baby-sitting, les jobs d'été, et tout, il servait à quoi ?

– Pas à m'acheter des CD.

J'aurais voulu pourtant avoir des choses à moi, pas par instinct de propriété mais parce que c'était le seul moyen d'avoir des choses qui me plaisent. Il y avait rien dans la maison meublée par mes parents qui soit fait pour moi.

– C'était pour ma grand-mère. Avant qu'on la prenne à la maison, on réussissait encore à s'en sortir. Et puis quand son Alzheimer a empiré, mon père l'a ramenée chez nous. C'était évident qu'on allait pas lui payer une maison de soins, avec son salaire pourri et notre absence d'assurance, donc… *home sweet home*. Elle avait des yeux très bleus et des cheveux très blancs, comme une vieille poupée de porcelaine. Si on la surveillait pas, elle allait parfois dans le garage boire les pots de peinture de mon père. Elle avait une petite voix aiguë, comme si elle l'avait usée pendant de longues années et qu'il en restait plus grand-chose.

– Elle est encore en vie ?

J'ai reniflé et tu as sans doute cru que je pleurais parce que ton bras est revenu sur mon épaule. J'ai marmonné entre mes dents :

– Elle est morte l'année dernière. À la fin, elle oubliait tout, qui étaient ses enfants, ses petits-enfants, la ville dans laquelle on vivait. Elle croyait qu'elle était encore en Pologne et que ma mère et moi on était les bonnes sœurs du couvent où elle avait été élevée. Elle prenait plus ses médicaments parce qu'elle voulait faire carême. C'était n'importe quoi. On arrivait plus à lui faire lâcher son chapelet. Mais elle n'était pas triste, ou effrayée ni rien au fur et à mesure que la fin approchait, non, elle était… illuminée, même physiquement ça se voyait, comme si quelqu'un avait creusé ma grand-mère pendant la nuit pour placer une ampoule de 200 watts à l'intérieur. Une vraie vitrine de Noël…

Ta voix m'est parvenue, déformée par le poing serré que tu maintenais devant ta bouche, comme un dictaphone :

– La patiente semble atteinte d'un cas de grave délire. Cause du trouble : probablement le manque de sommeil. Recommande endormissement immédiat. Je répète : recommande endormissement immédiat.

Décembre

Elijah

1er décembre

– Qu'est-ce que vous faites ?

– Un calendrier de l'Avent.

La chambre de Dalila était devenue un atelier de bricolage. À l'aide d'un pinceau, elle décorait vingt-cinq boîtes d'allumettes que Bart remplissait de confiseries.

– Comme ça, on aura tous les jours un bonbon !

Ça se voyait qu'il se retenait de dévorer le paquet. Un bout de langue pointait entre ses dents. En m'adressant son plus fervent sourire, Dalila a ajouté :

– Ce serait bien qu'on fasse une crèche, aussi.

– Tout le monde n'est pas croyant ici.

Elle a eu l'air tellement surpris que j'ai réalisé à quel point on avait peu parlé de religion depuis qu'on était arrivés là. Pour les enfants d'un pays qui imprimait *In God We Trust* sur les pièces et les billets, c'était surprenant.

– Mais c'est Noël, Elijah !

– Tout le monde ne fête pas Noël non plus.

Ils sont passés de la surprise au choc le plus total et je n'ai pas osé en rajouter. Je n'ai pas osé non plus leur dire qu'au lieu d'attendre la naissance du Sauveur à grand renfort de sucres d'orge ils feraient mieux de m'aider à améliorer l'isolation du toit parce que, jusque-là, le Saint-Esprit n'avait pas foutu grand-chose et on courait droit vers un retour à l'ère glaciaire. Je n'ai pas osé parce que, à défaut de mieux, notre Winston High était tout ce qu'il y avait de plus laïque. La religion, pourquoi pas, mais chacun la garde pour soi. Le nom de Dieu, on ne l'implorait que quand on loupait une marche dans l'escalier ou que l'eau des vestiaires était gelée. Le crucifix autour du cou de Dalila était suffisamment discret pour qu'on ne s'en offusque pas. Lily aimait bien chanter des gospels mais applaudissait aussi fort que nous les raps pas très catholiques improvisés par Shark. Le seul bénédicité qu'on récitait avant de manger c'était merci à Oliver d'avoir trouvé à bouffer et à Luka de l'avoir rendu comestible, amen.

– Je peux avoir un bonbon ?

Bart a rangé précieusement son Graal pour bien me faire comprendre que je ne faisais pas partie de son club.

– Si tu veux un bonbon, t'as qu'à faire ton calendrier à toi !

Comme j'étais censé fêter Hanoukka, j'ai battu en retraite.

2 décembre

Alors que je t'aidais à entourer les fenêtres du premier étage de scotch isolant, j'ai cru bon de rouvrir le débat.

– T'as pas compris, tu m'as dit avec le léger mépris que tu affichais quand je n'avais pas compris. C'est pas *la religion on la garde pour soi*, c'est *chacun fait ce qu'il veut tant qu'il emmerde pas les autres*. Il s'agit de liberté et de respect, pas d'interdiction. Tu crois que ça suffira ?

– Le respect ?

– Le scotch. S'il se décolle encore, va falloir qu'on se mette à clouer des planches sur les fenêtres. Comme si l'hiver était pas assez déprimant.

– Justement, on fait quoi pour les fêtes ?

– La fête à qui ?

– La fête à tu sais qui...

Parce que cette histoire de calendrier de l'Avent, ce n'était que le début des ennuis, je le sentais. Une initiative innocente qui menaçait notre fragile équilibre. La prochaine étape, ce serait la crèche et puis quoi ? Le récital de cantiques à l'occasion du réveillon et la prière commune le jour du Seigneur ?

– Tu aurais vu sa tête quand je lui ai dit que tout le monde ne fêtait pas Noël...

– Et alors quoi ? Ça t'a fait peur ?

Oui, ça me faisait peur mais tu n'avais pas l'air de le comprendre. Dans ma famille, on disait toujours que ce n'était jamais bon d'être le premier Juif dans la vie de quelqu'un. Et jusque-là, ça m'avait paru être de la parano mais jusque-là, ça ne m'était jamais arrivé. Je redoutais la pluie d'amalgames qui risquait de s'abattre sur moi.

– Et puis je suis sûr que Bart n'est pas croyant à la base. Qu'il est là uniquement pour les bonbons. On ne va pas laisser Dalila évangéliser les petits avec des sucreries, merde !

Ça t'a fait rire. Tu ne voyais pas qu'on risquait de se retrouver d'ici Noël/Hanoukka/Kwanzaa avec une guerre de religion sur les bras. Comme j'insistais, tu as fini par concéder :

– Très bien. Qu'est-ce qu'on fait ici quand on a un problème ?

– On en parle, j'ai répondu mollement.

– Voilà.

– C'est autre chose qu'une leçon de couture. Si on s'y prend mal, ça aura de graves conséquences.

– Si on s'y prend bien, tout le monde en sortira grandi. C'est pour ça qu'on est là, non ?

Tu croyais qu'il suffisait d'arranger mes propres arguments à ta sauce pour me convaincre et tu n'avais pas tout à fait tort. J'ai accepté qu'on remplace l'atelier lecture du lendemain par un *espace de discussion sur les religions.*

Anna
3 décembre

Épuisé par son raid matinal, Oli roupillait près d'un radiateur hors service. Zhou dessinait un arbre ou une créature avec plusieurs bras, impossible de savoir. Sérieuse, Dalila avait sorti son carnet et le livre de Judy Blume qu'elle avait pris dans la bibli pour le raconter aux autres. Tu lui as fait signe qu'on parlerait pas de ça aujourd'hui, on allait s'attaquer à un autre genre de best-sellers. Je me suis lancée.

– Depuis quelques jours, on a entendu des trucs du genre *est-ce qu'on peut faire une crèche ?* ou *il existe le Père Noël ?* Du coup, on s'est dit que c'était le moment d'apprendre quelque chose sur les différentes religions. Chacun pourrait venir parler de la sienne ou poser les questions qui lui passent par la tête. Oui, Bog ?

– Le Père Noël, il existe ou pas ?

– Euh…

Les plus petits ont tendu l'oreille, les plus grands ont rigolé et Shark a pas pu s'empêcher de faire le malin en traitant Bog de *gros gamin*. Ça commençait bien. J'ai dû lever la voix pour pas qu'on s'éparpille.

– Peut-être que Dalila pourra parler des traditions de Noël. Mais pour commencer, je crois que ce serait bien que le premier intervenant, un spécialiste de la religion juive, nous parle de ses heu… pratiques… Elijah ?

Elijah

Je n'ai rien pu faire, tu m'as jeté dans la fosse aux lions. Je n'avais aucune idée de ce que j'allais bien pouvoir leur raconter. Ma religion n'était qu'un héritage familial, un signe à peine distinctif, aussi banal que mon grain de beauté sur la joue. Face à mes bégaiements, des mains ont commencé à se lever.

– Oui, Oliver ?

– Les Juifs, c'est ceux qui ont de l'argent ?

J'ai passé le premier quart d'heure à défaire tous les clichés qui avaient pu trouver leur chemin vers les esprits malléables de mes camarades. Non Oli, on ne contrôle pas les médias. Oui Dalila, Judas était juif mais Jésus aussi. Enfin je crois.

– Et à Noël, vous faites quoi ? a renchéri Oliver que je n'avais pas vu aussi alerte depuis le cours de Luka sur les dinosaures.

– À Noël, on fête Hanoukka.

– Hanouquoi ?

– Hanoukka. La fête des Lumières.

– Moi je veux bien être juif pour avoir des cadeaux à ma barmi-je-sais-pas-quoi.

– Ça marche pas comme ça, Oli…

Après un douloureux chapitre sur la circoncision, j'en ai eu assez d'être devenu malgré moi le porte-parole de ma religion.

– On ne pourrait pas passer au catholicisme ? Vous n'avez qu'à poser vos questions à Anna : sa grand-mère a été élevée dans un couvent…

Anna

Je sais pas si tu le faisais exprès mais tu pouvais être con parfois. Premier truc que je te confiais et tu l'étalais en public. J'ai pas aimé.

– Je suis athée, point.

Si on avait eu plus de temps sur le toit, je t'aurais peut-être raconté que j'avais fait ma première communion dans la robe de mariée de ma mère retaillée pour l'occasion, que le seul commandement valable aux yeux de mon père, c'était *un dernier pour la route* et que j'avais arrêté de croire le jour où – je devais avoir onze ou douze ans – j'avais entendu le prêtre dire qu'il y avait bien sûr de la place pour le doute en religion, mais qu'il y avait aussi des certitudes et parmi elles le fait que Dieu n'aimait pas les homos. Un des gamins de Slavic venait de se faire passer à tabac par cinq autres qui l'accusaient d'être une pédale. Il était parti à l'hôpital et le père Mickaël n'avait rien trouvé de mieux à dire le dimanche qui suivait. Je t'aurais peut-être raconté que ça m'avait fait bizarre au début, les dimanches matin sans messe, toute seule à la maison. Que c'était pendant ces heures creuses que j'avais trouvé un paquet de cigarettes dans les poches de ma mère et que j'avais commencé à crapoter. Et puis que des poches, j'étais passée aux tiroirs et que c'était grâce à la succession des dimanches matin que j'avais commencé à comprendre à quel point mes vieux s'étaient endettés en achetant cette baraque pourrie. Je t'aurais peut-être raconté que l'année dernière j'avais passé pas mal de dimanches matin à faire le tour du Winston High en cherchant le courage d'entrer.

Avant qu'on s'endorme sur le toit, j'avais pensé à tous ces trucs que j'aurais voulu te dire. Tous ces trucs que j'étais contente de pas t'avoir dit maintenant que je voyais ce que tu faisais des confidences. Je croyais qu'il s'était passé quelque chose là-haut. Je croyais que je pouvais te faire confiance. Moi aussi je pouvais être conne.

Elijah

6 décembre

Je n'étais qu'un abruti d'avoir tout gâché alors que, depuis un moment, tu m'aimais bien. Pas juste en tant que collaborateur mais peut-être bien en tant qu'ami. Depuis qu'on avait dormi sur le toit, ta tête sur mon épaule, je ressentais un tas de trucs qui m'empêchaient de fermer l'œil. Une chaleur dans le ventre quand je sentais ton odeur, des frissons dès que tu daignais me jeter un regard. Ce n'était plus la bête curiosité que j'avais ressentie en te voyant pour la première fois. Pas juste la fierté d'apprendre à te connaître et à travailler à tes côtés. C'était plus fort, de quoi vous rendre insomniaque. J'étais heureux que tu existes, anxieux que tu te doutes de quelque chose et triste que tu ne te doutes de rien. J'étais...

– Amoureux.

Lily a été la première à employer ce terme aussi vague que lourd de sens. En entendant la guitare de Dean à travers le mur de la bibliothèque, j'avais rejoint la veillée musicale organisée par mes voisins.

– T'es amoureux d'Anna ? a insisté Lily qui avait vraiment envie que je dise oui pour qu'elle puisse organiser le mariage sans plus tarder.

J'ai dit que j'en savais rien et qu'elle devrait parler moins fort, on sait jamais quelles oreilles rôdent dans les couloirs. Dean m'a lancé un regard compatissant mais ce qu'il a ajouté m'a foutu en rogne.

– T'inquiète vieux, c'est tout à fait normal ce qui t'arrive. Anna est une jolie fille et toi, t'es un… t'es un garçon. Alors forcément, au bout d'un moment, à force de rester enfermés, y a les hormones qui s'agitent. C'est pareil pour moi. Pareil pour Oli et Luka. Reste tranquille mon pote, ce qui devra arriver arrivera.

À force de jouer des ballades sur sa vieille guitare, Dean s'était pris pour un expert en romance. Du haut de ses treize ans, il croyait vraiment pouvoir tout m'apprendre. Il ne savait pas que j'avais fait des trucs avec ma voisine de chalet à Sundance. Qu'une fois, j'avais embrassé ma cousine Marnie, juste pour voir.

– Dean, il se la raconte mais en vrai, c'est Dalila qui l'intéresse. Sauf que Dalila, elle me préfère moi.

– Dalila, elle est croyante, a répliqué Dean. Les filles qui croient n'aiment que les garçons.

– Parce que je suis pas croyante, moi ?

– Si mais toi, tu fais jamais rien comme les autres.

Ils ont commencé à se prendre la tête. J'en ai profité pour quitter leur chambre, trop content de mettre fin à la conversation.

Anna
12 décembre

Tu avais tort de croire que *l'espace de discussion sur les religions* pouvait mener à la guerre civile. En fait, les Winstoniens adoraient pouvoir se vanner et raconter des conneries. Ils en rajoutaient dans la stupidité. C'était sûrement difficile pour l'intervenant mais les autres passaient un bon moment. Quand ça a été au tour de Dalila, elle est montée sur l'estrade en souriant, une bible dans les bras. Elle a vite déchanté.

– Pourquoi on fête l'anniversaire de Jésus alors qu'il est mort ?

– Comment il a fait Noé pour sauver les poissons et les oiseaux ?

– J'ai pas compris : c'est pardonne ton prochain ou c'est œil pour œil ?

– T'as rien compris, c'est dent pour dent ! Même que Jésus, il est plus fort que Superman, il peut ressusciter et tout.

Dalila a lâché l'affaire. C'est Lily qui a pris la relève pour rappeler que la Bible, c'est pas un truc à prendre au pied de la lettre.

– Les aventures d'Abraham, Job et Noé nous enseignent

des notions de générosité, de loyauté et de bienveillance. C'est des paraboles.

– Les paraboles, c'est comme des satellites ? a osé Chris, qui manquait jamais d'imagination. Et Dieu, il nous observe depuis l'espace ?

– Ah, ça c'est une bonne question ! a presque gueulé Oli. Dieu voit quoi, en fait ? Parce que moi, ma mère, chaque fois que je faisais un truc qu'elle aimait pas, elle me disait « Dieu te voit », « Dieu te voit ». Genre quand je me mettais le doigt dans le nez ou la fois où elle m'a chopé en train d'arracher les ailes à une mouche.

– Elle a raison, a dit Lily de manière automatique. Dieu te voyait.

– Mais pourquoi est-ce qu'il regardait ? S'il peut tout voir, il devait y avoir des tas de trucs plus intéressants. Le gars, il a toutes les chaînes câblées mais il regarde la mienne ?

La conversation a continué mais j'entendais plus vraiment. J'étais distraite par la tronche que tu tirais. Une boulette de papier envoyée par Shark m'a sortie de mes rêveries, juste au moment où Dalila, revenue dans la partie, récitait les dix commandements : *Tu ne commettras pas de vol.*

On s'est tous marrés.

Elijah

Le soir, j'ai tenu à remercier Dalila d'avoir joué le jeu. Je l'ai trouvée sur les planches de l'auditorium, en train de préparer les chorégraphies de notre petit spectacle. C'était toujours agréable de la voir danser, toujours réconfortant d'assister à une telle démonstration de grâce dans un milieu aussi chaotique. Mais la théorie de Dean ne tenait pas debout : hormones ou pas, le plaisir que je ressentais en observant les mouvements de Dalila n'était en rien comparable au frisson qui me traversait rien qu'en entendant ta voix.

– C'est dommage de pouvoir montrer le spectacle à personne, m'a lancé Dalila. Je pense vraiment que ce sera une réussite.

Je n'étais pas aussi enthousiaste. Chaque membre de la troupe avait progressé depuis les premières répétitions mais depuis quelques jours, la température de l'auditorium compromettait la motivation des comédiens. Je me demandais même s'il ne valait pas mieux repousser notre projet au printemps.

– C'est toi qui décides, Elijah. Moi, je continuerai à danser.

Son rêve, c'était de patiner. Depuis les premiers gels de l'hiver, elle se retenait tous les jours de courir jusqu'au lac le plus proche. Même si elle dissimulait bien sa frustration, Dalila, comme nous tous, vivait de plus en plus mal l'enfermement permanent. J'aurais aimé lui offrir une permission, juste une semaine de vacances loin du Winston High. J'aurais voulu l'emmener à la patinoire et en profiter pour partager un bon vin chaud avec toi.

– Vous feriez un couple adorable tous les deux.

– De quoi tu parles ?

– Lily m'a tout dit. Mais tu peux me faire confiance, je sais garder un secret.

– C'est aussi ce que m'a dit Lily. Tu l'aimes bien Lily ?

– C'est ma copine, oui.

– Non, je veux dire… Laisse tomber.

Je refusais de me laisser aller à mon tour aux commérages. Il aurait été malvenu de jouer les entremetteurs alors que je n'étais pas foutu de déclarer ma flamme.

Anna

15 décembre

Dean me l'avait déjà fait remarquer : au Winston High, y avait pas beaucoup de diversité. Ça m'a encore plus frappée quand Shark a dit qu'il était volontaire pour parler de l'islam. Il voulait rendre hommage à son héros.

– On a beaucoup critiqué Cassius Clay quand il est devenu Mohammed Ali. Et aujourd'hui, c'est pas mieux, toujours les mêmes clichés. Y a des types qui utilisent l'islam pour faire de très vilaines choses mais en vrai, islam, ça vient du mot *paix*.

Son exposé était plus solide que prévu. Le père de Shark avait eu pendant deux ou trois ans une petite salle de boxe qui sentait le moisi. J'aurais jamais pensé qu'il avait pu apprendre la tolérance en traînant autour du ring quand il était petit. Quand je faisais du baby-sitting chez lui, tout ce qu'il me racontait c'était des histoires de crochets au foie et d'arcade sourcilière qui pissait le sang. Mais là, je découvrais un autre Shark et aussi un autre Mohammed Ali. On parlait pas de force physique, mais d'idéaux et de ce que ça pouvait vouloir dire, une conversion, ce que ça pouvait changer dans une vie. Perdre ses amis, disait Shark, devoir s'en faire de nouveaux, affronter les regards de ceux qui pensent qu'on s'est plantés, qui attendent qu'on revienne à la raison. Ça nous était un peu familier, tout ça. D'ailleurs pour une fois, les autres écoutaient, sans ricaner, jusqu'à ce qu'Oli pourrisse l'ambiance.

– Quand t'es américain, tu peux pas vraiment être musulman. C'est juste pour les Arabes.

Shark a aussitôt serré les poings.

– Non.

– Si. Tu veux être arabe, gros ? C'est ce que t'es en train de nous dire ?

– Et pourquoi pas ?

– T'es en plein délire.

– Qu'est-ce qu'il y a de si cool dans le fait d'être américain ? Les Américains, tout ce qui les intéresse, c'est de faire la guerre. Ils bombardent des écoles et après, ils s'étonnent d'avoir des ennemis.

Oli refusait d'être déclaré K.-O.

– T'es en train de me dire que le 11 Septembre, c'est bien fait pour nous ?

Malgré son poids plume, Bart est entré sur le ring.

– Mon frère, il a fait la guerre et il est mort à cause des musulmans ! Tu peux pas les défendre !

Ça a foutu un froid qui a paralysé notre champion. Luka a joué les diplomates.

– Il est mort à cause de ceux qui décident les guerres, Bart. Il est mort à cause de la bêtise humaine, en général. C'est un fléau qui existe dans toutes les religions. Qu'on soit chrétien, juif ou musulman, c'est ça qu'il faut combattre. L'intolérance, la violence, la misogynie, tout ce qui ronge la liberté.

Dean a ajouté le *yes we can* qu'on utilisait n'importe comment depuis l'élection mais Oli a aggravé son cas.

– Tu le défends juste parce que ton Obama, c'est un musulman.

Dean prêchait la non violence mais il aurait cogné Oli si Luka l'avait pas retenu. La tension montait, j'ai dû m'interposer.

– Vous allez la fermer tout de suite ou je vous vire tous les deux.

Elijah

J'aurais pu te dire je t'avais prévenue mais je me suis retenu. Tu as secoué la tête :

– Et après, on s'étonne que je sois athée…

– Ça veut dire quoi ? a murmuré Bart.

– Ça veut dire qu'elle croit en rien, lui a répondu Chris.

– Ça veut dire que j'ai pas besoin de Dieu pour fonctionner, tu as expliqué. Pour m'enseigner ce qui est bien, ce qui est mal. Ça veut dire que si je fais une connerie je dois assumer les conséquences. Et si j'essaie d'être une meilleure personne, j'attends aucune récompense.

Troublée par une telle logique, Dalila tripotait son crucifix.

– Parfois, on a besoin d'être guidé, Anna. On est pas tous aussi forts que toi.

– Je suis pas en train de dire que vous êtes faibles. Je vous demande juste de pas vous ajouter de barrières. On peut pas passer son temps à juger les autres. Y a trop à faire.

Il suffisait parfois de quelques mots simples pour mettre tout le monde d'accord. Tu n'étais pas Martin Luther King mais tu savais, de ta façon désarmante, captiver ton public. Unir tes troupes. On aurait pu s'arrêter là et descendre sagement à la cantine pour le dîner, mais j'ai cru bon d'en remettre une couche.

– Elle a raison. Oliver, ce serait bien si tu pouvais t'excuser. Montrer que tu respectes les choix de tes camarades.

Le regard qu'il m'a lancé. Ce n'était visiblement pas le jour pour lui faire la morale.

– Faut que t'arrêtes de te prendre pour un prof, de croire que t'es meilleur que nous. On sait tous pourquoi t'es là, Elijah.

Je n'aimais pas la tournure des événements et j'ai senti mon cœur s'emballer à mesure que les têtes se tournaient dans ma direction.

– C'est quoi ton problème, Oliver ? Je commence à en avoir vraiment marre de…

– Tout ce que tu veux, c'est coucher avec Anna.

Jamais la classe n'avait été aussi silencieuse. J'aurais dû répliquer, tout nier en bloc mais aucun son ne sortait de ma bouche. J'ai regardé Dean et Lily. J'ai regardé Dalila. Je faisais tout pour ne pas te regarder. J'ai fini par regarder mes pieds.

Le soir, incapable de dormir, j'ai frappé à la porte de Luka. De tout le Winston High, sa chambre était l'endroit que je préférais – bien plus que Fort Édredon, idéal pour avoir chaud mais toujours aussi irrespirable. Notre cuistot avait conservé l'immense carte du monde de l'ancienne salle de géographie, celle où l'on pouvait encore lire des noms aussi exotiques que la Yougoslavie ou l'Union soviétique. Le sol était recouvert de croquis où ce passionné de science-fiction inventait un futur plein de planètes colorées et de créatures menaçantes. Il avait réussi à mettre la main sur un vieux fauteuil et, après avoir rangé son tablier, il aimait s'y affaler pour écouter la radio sur son antique transistor. L'antenne cassée ne captait que quelques stations, dont WCLV 104.9, dédiée à la musique classique. Luka a baissé légèrement le volume puis m'a fait signe d'entrer. Je me suis assis juste en dessous de l'Australie.

– Pourquoi tu m'as rien dit avant ?

– De ?

– Pour Anna. Il a fallu que je l'apprenne par Shark.

Ici, un secret avait en moyenne une durée de vie de vingt-quatre heures mais peut-être que je n'avais pas choisi le bon confident. Dalila était trop timide. Dean et Lily trop inséparables. Luka était réglo. J'avais bien plus de choses en commun avec lui et il arrivait souvent que je le rejoigne en cuisine pour discuter musique et cinéma. Pour qu'il me raconte une millième fois à quoi pourrait ressembler la suite de *Star Wars* s'il était aux commandes. Lui aussi avait un héritage polonais, un pur spécimen du Slavic Village. Dès qu'il avait été capable de faire une addition, il avait commencé à travailler après l'école, et puis de plus en plus à la place de l'école. Sa sœur lui avait appris à lire, à dessiner et à regarder les étoiles. Je n'avais jamais osé lui demander directement ce qui l'avait amené à rejoindre notre communauté. D'après Lily, un braquage avait entraîné la fermeture définitive de l'épicerie familiale. D'après Dean, ses parents avaient tout manigancé pour pouvoir encaisser l'assurance. D'après moi, il valait mieux ignorer les rumeurs. On venait au Winston High pour se réinventer. Pris d'un frisson, Luka a enfilé son fidèle peignoir. Il lui arrivait jusqu'aux chevilles et lui donnait l'allure d'un vieux lord anglais.

– On est tous un peu à cran, Elijah. Ce qui s'est passé cet après-midi risque de se reproduire. C'est bien de rester solidaires et de s'instruire mais, tant qu'on vivra comme des animaux en cage, la tension grandira.

Je l'écoutais tout en parcourant des yeux la carte du monde. Cleveland n'apparaissait même pas.

– Je ne dis pas ça pour jouer les pessimistes. Si je ne croyais pas en nous, y a longtemps que j'aurais foutu le camp.

Tu penses que ça m'amuse de vous faire à bouffer tous les jours ? Non. Je joue mon rôle, c'est tout.

Alors que j'allais le laisser tranquille, une mélodie est sortie de la radio et m'a tellement ému que je suis resté cloué au tapis. Aucun doute, ce pianiste avait été amoureux. Il mettait des notes sur tout ce que je ressentais.

– C'est Chopin ?

– Oui. La meilleure chose que nous a apportée la Pologne.

– Avec Anna.

– Avec Anna. T'en fais pas pour elle. Elle t'en voudra pas. Elle est plus intelligente que toi.

Et Luka avait vu juste. Les jours suivants, tu as fait comme si de rien n'était, comme si la rumeur d'Oliver n'était qu'une plaisanterie de mauvais goût qui ne méritait pas plus d'attention. D'un côté, j'étais soulagé. De l'autre, j'étais déçu d'avoir la confirmation que non, décidément, je ne t'intéressais pas. Pas comme ça. J'avais honte d'y avoir cru. Je devais me ressaisir. Arrêter de croire au Père Noël.

Anna

20 décembre

J'étais juste venue dans la cuisine pour grignoter un morceau de pain mais Luka a voulu parler. Il avait toujours l'air crevé mais je l'avais jamais vu avec des cernes aussi balèzes.

– Il faut qu'on sorte d'ici, Anna. Ou quelqu'un va péter les plombs.

Il avait raison. Depuis quelques semaines, l'ambiance s'était dégradée en même temps que la température. Sauf que pour moi, c'était impensable que les petits s'aventurent dehors. Je me souvenais trop bien de ce qui était arrivé à Sophia dès qu'elle avait échappé à ma surveillance. Quitter le lycée en groupe, avec des gamins aux petites jambes, pas foutus de courir, c'était le meilleur moyen de se faire arrêter.

– C'est un risque à prendre, a dit Luka en haussant les épaules. De toute manière, si ce n'est pas toi qui lances le mouvement, ils le feront quand même, mais façon fugue.

Fuguer, c'est ce qu'on avait fait pour arriver au Winston High, pas ce qu'on faisait pour en partir. Fuguer, c'était quitter les adultes. Est-ce que j'étais devenue ça, pour les autres ? J'arrivais plus à avoir les idées claires. C'était à cause de ce qu'avait raconté Oli, que tu étais amoureux de moi. Ça me bouffait cette histoire. Depuis la nuit sur le toit, il y avait quelque chose de différent et j'aurais aimé qu'on en discute tous les deux plutôt que laisser Oli vomir ça devant tout le monde.

Luka a dû voir qu'il se passait beaucoup trop de choses dans ma tête parce qu'il a posé une main sur mon épaule et s'est penché vers moi :

– C'est pas ta faute. C'est quasiment une loi scientifique : les gens enfermés quelque part veulent en sortir, même si on leur donne tout ce qu'on peut à l'intérieur.

J'ai essayé d'arrêter le tourbillon des pensées.

– T'as raison. Il faut trouver un truc, une bonne idée de sortie, quelque chose qui soit pas trop risqué non plus…

Ta voix m'a fait sursauter :

– Garfield Park. On devrait les emmener patiner là-bas.

Depuis l'encadrement de la porte, tu nous observais avec une drôle de tête. Ton regard s'est posé sur la main de Luka sur mon épaule, puis sur moi, puis de nouveau sur la main. Tu étais tout pâle. Luka, lui, a levé les bras en l'air comme s'il était en état d'arrestation.

– Garfield Park, j'ai répété comme s'il se passait rien. Oui... c'est une bonne idée.

– Il y a des tas de gamins qui y vont en groupe. Personne ne s'étonnera de l'absence de parents.

Tu parlais en mode neutre, professionnel.

– On pourrait y aller le jour de Noël, tu as ajouté, ça règle d'un coup la question des cadeaux. Et puis il y a peut-être moins de flics dehors les jours fériés.

– Super, a dit Luka.

– Super, j'ai répété bêtement.

Tu as levé un pouce mollement enthousiaste depuis la porte et tu es reparti dans le couloir.

– Et merde, a dit Luka.

– Tu crois vraiment qu'on avait l'air de... ?

Je me suis arrêtée, trop gênée pour continuer. Luka était penché sur les plaques de cuisson.

– De faire cramer les pâtes ?

Il a retiré la casserole du feu et je l'ai aidé à vider l'énorme récipient dans une passoire tout aussi grosse. Une fois égouttés, les spaghettis formaient une masse compacte et gluante.

Quand Luka a eu fini de tenter une réanimation à grand renfort d'huile de tournesol, j'ai repris :

– L'air d'être surpris dans une situation, heu, intime ?

– Apparemment…

Il s'est aussitôt retourné vers la porte comme si tu pouvais être revenu.

– Mais c'est ridicule ! Toi et moi, c'est…

J'ai fait semblant de vomir.

– C'est parce que tu me connais depuis trop longtemps, a répondu Luka. Tu ne te rends même plus compte de mon incroyable sex-appeal. Mais Elijah, lui, il le voit et il flippe. Normal.

On s'est mis à rire tous les deux comme des gamins, et sûrement bien plus que le méritait sa blague. Je me suis dit, à ce moment-là, que moi aussi je souffrais de l'enfermement et que j'étais à deux doigts de craquer.

Ça aurait pu être qu'un détail, cette scène, une anecdote gênante de plus dont il allait falloir qu'on parle, toi et moi, et qu'on faisait semblant d'oublier pour le moment. Mais je pense que c'est à cause d'elle que, quand on a réalisé que quelqu'un devait se priver de sortie pour garder le Winston High, Luka s'est porté volontaire. Je crois qu'il s'en voulait d'avoir pu te faire de la peine. C'était un beau geste. Même si ensuite, on s'est tous dit que ça avait été une grosse erreur de le laisser tout seul.

24 décembre

Broadway Avenue était couverte de neige. Ça crissait sous les pas. Le blanc partout. Même le ciel, complètement bouché, pas un coin de bleu, toile blanche. C'était compliqué de rester groupés. Il y avait des distractions partout, on voulait regarder chaque vitrine, chaque panneau publicitaire et chaque bagnole. En surprenant Oli en train de saliver devant une Mercedes, j'ai compris à quel point le rêve américain tenait bon. On faisait au mieux pour limiter nos besoins mais il suffisait d'un bon slogan ou d'une enseigne de fast-food pour que l'envie de consommer reprenne le dessus. Peut-être que c'était naturel après avoir été isolés aussi longtemps. Ou alors, plus inquiétant, peut-être qu'on avait ça en nous et que mes efforts pour nous préparer à une société plus juste valaient que dalle face à un bon vieux Big Mac.

Je voulais pas penser à ça. Je voulais profiter de cette première balade au-dehors. De cette première fois depuis longtemps, aussi, où je pouvais me déplacer sans l'énorme trousseau du Winston. Je l'avais confié à Luka pour qu'il se barricade à l'intérieur. Sans son poids dans ma poche, j'avais l'impression que je pouvais m'envoler.

Après quatre mois dans le lycée, se prendre en pleine face la beauté du parc immense et gelé, avec les sapins recouverts d'un manteau blanc, l'étang qui se mélangeait avec le ciel, ça faisait quelque chose. L'air était super froid et, en quelques minutes, toute la petite bande s'est mise à renifler. Bart se mouchait du dos de sa moufle et je trouvais ça dégueu mais j'avais pas le cœur à engueuler qui que ce soit. Pas à Noël, merde…

Les petits se sont précipités sur la glace. Bien sûr, sans patins, ils avaient pas la liberté ni la grâce des autres glisseurs mais ils s'en foutaient. Ils étaient heureux de déraper et de tomber, de se taper le coccyx et de crier. Zhou tombait plus que tous les autres réunis: on l'avait forcée à porter une cagoule d'Oli pour la sortie. Pas envie que son visage puisse être reconnu par qui que ce soit – après tout, peut-être que les patineurs du réveillon avaient vu les affiches collées partout par ses parents. Comme la cagoule était trop grande, elle tournait sans arrêt et lui laissait juste un œil pour se repérer sur la glace, ou même pas d'yeux du tout. Ça avait pas l'air de la freiner. Les couleurs flashy des anoraks, bonnets et écharpes brillaient sur la surface blanche et grise de l'étang. Il y avait aussi un uniforme sombre, près d'une voiture bicolore. Je me suis tendue. Mais le flic est pas resté longtemps en faction. Après avoir fait tourner deux ou trois fois son bâton, il s'est dirigé vers le food truck pour commander un café et des beignets brûlants. Il avait l'air de vouloir être en vacances lui aussi. Il ne surveillait rien du tout. Lily essayait de danser le moonwalk. Shark et Oli s'étaient lancés dans une partie de football sur glace, ou de hockey sans crosse, ou de ricochet sans eau, je sais pas trop. En tout cas, ils balançaient des cailloux et avaient l'air de compter les points.

Je suis restée sur la rive, à côté de toi et de tes lèvres bleuies par le froid. Des haut-parleurs crachotaient des chants de Noël craignos. L'odeur des gaufres, des bretzels, de la cannelle et du fromage fondu nous tiraillait l'estomac. On n'avait rien senti d'aussi bon depuis qu'on devait compter sur Luka pour nous nourrir. Je t'ai surpris à zieuter des restes abandonnés sur les tables de pique-nique. Nos regards se sont croisés.

– Je pourrais peut-être faire la manche, tu as dit. J'ai mon harmonica.

– Tu as toujours ton harmonica.

Et puis je t'ai montré le policier heureux qui mordait à pleines dents dans son beignet.

Tu m'as proposé qu'on longe un peu la rive, parce que juste devant les cahutes de nourriture et de location de patins les gens se marchaient dessus. J'ai pensé que tu voulais qu'on parle. Qu'on parle de nous. Quelque chose au niveau de mon sternum a vrillé. On a fait quelques pas silencieux sous les sapins enneigés.

La première fois qu'un caillou lancé par Shark ou Oli a rebondi trop près d'un enfant en luge, sa mère s'est contentée de crier en agitant le poing dans la direction des deux terreurs. On s'est retournés pour suivre la scène – en espérant qu'il n'y en aurait pas, justement, de scène – mais les garçons se sont excusés et la mère a continué à faire de grands huit gracieux sur la glace. J'ai dit :

– Si ces crétins se tiennent pas tranquilles, le flic va finir par se réveiller…

– Si on leur fonce dessus pour leur dire d'arrêter, ça va encore plus attirer son attention…

Alors on est restés sur la rive sans se décider. On surveillait l'agent, on surveillait les garçons, on lorgnait le banc public installé plus loin, au calme, comme s'il fallait absolument qu'on atteigne cet endroit-là, précisément, avant de pouvoir se dire quoi que ce soit. À force de piétiner, on faisait fondre la neige sous nos pas et la terre réapparaissait brune et crade au-dessous.

Les garçons s'étaient calmés après l'engueulade. Et puis, peu à peu, ils se sont remis à jouer. Plus fort. Bien sûr, il a pas fallu longtemps pour qu'un nouveau caillou vole dans la mauvaise direction. Ça, c'est Oli qui me l'a raconté ensuite, parce que moi j'étais un peu trop loin, avec toi, avec mon sternum qui se pliait, avec le silence qui pesait plus lourd que la neige sur les branches. Et j'ai rien vu.

Apparemment, le caillou a volé un peu haut. C'était Shark qui l'avait lancé du pied. Il a atteint une gamine au tibia. Le père s'est sûrement dit qu'un sermon serait pas suffisant, ou peut-être que c'était un trouillard, je sais pas. Alors il est allé voir le flic. Et le flic, voyant qu'on lui désignait comme coupable un gamin noir qui portait un blouson à capuche, s'est sûrement dit qu'il était pas de taille, alors il a appelé des renforts. Peut-être que lui aussi il était peureux. Sûrement.

Toi et moi, on avait déjà fait demi-tour sans s'être rien

dit, écrasés par l'impression qu'on avait raté un rendez-vous, quand on a vu les lumières tournoyer. Rouge blanc bleu.

– Qu'est-ce que c'est que cette merde ?

On a couru vers les cahutes.

Il y avait deux voitures. Six policiers. Impossible de savoir combien d'entre nous étaient encore sur la glace. Combien s'étaient enfuis en voyant les voitures. On distinguait rien. Tous les bonnets se ressemblent.

Ils l'ont attrapé par la capuche.

C'est cette image-là que je garde. Le rond bleu et matelassé de la capuche qui se déformait autour de sa tête parce que Shark voulait continuer à avancer et que la main du policier le retenait par le haut de son blouson. Le rond bleu qui s'allongeait, se déformait, comme si c'était le visage de Shark qui se transformait en masque d'angoisse, beaucoup trop long. Il y a un tableau comme ça, non ? Avec un visage tout étiré, tout pâle. J'ai vu ça un jour, dans un bouquin.

Ils l'ont attrapé par la capuche et ils l'ont jeté au sol pour lui passer les menottes. Ils devaient voir, pourtant, à son visage qui disait le contraire de sa carrure, que c'était qu'un gamin.

J'ai aperçu deux autres flics qui couraient derrière Oli, en direction du parking. Ils lui criaient de s'arrêter. *Freeze, motherfucker !*

– Regarde, tu m'as dit et j'ai regardé et j'ai vu une petite file indienne qui se glissait dans la direction opposée, Dean en tête, les jumeaux derrière, Bart au milieu, Lily pour fermer la marche.

Personne n'avait l'air de les remarquer. Ils s'éloignaient en douce.

– Il faut qu'on les rejoigne, j'ai dit, prête à y aller tout de suite.

– Attends… Où est Dalila? Où est Zhou?

J'ai cherché des yeux parmi les patineurs, les troncs des sapins, les curieux qui s'étaient rapprochés au maximum des voitures de police. J'ai eu honte de les avoir oubliées. Bien sûr, Chris et Bog étaient mes petits frères mais entre Winstoniens, on devait tous se serrer les coudes.

On s'est approchés doucement de la foule, un peu effrayés de sortir du couvert des bois, terrifiés à l'idée que nos visages correspondent pour les flics du coin à des affiches WANTED. Une fois, j'avais vu *Bonnie and Clyde* à la télé, le vieux film avec Warren Beatty. Ma mère disait souvent: «Ah Warren Beatty, ça, c'est un homme.» Warren Beatty était la seule raison qui pouvait la pousser à regarder un bon film et pas une émission de relooking. Mon père avait l'habitude de lui répondre que, comme tous les types d'Hollywood, Beatty était sûrement une folle mais bon, bref, je me souvenais d'une chose: ça finissait pas bien pour le couple de bandits.

On s'est mêlés à la foule sans se faire remarquer. Personne nous calculait. Quelques curieux faisaient un cercle auprès d'une femme qui racontait qu'elle avait vraiment vu ce qui s'est passé. Les autres s'étaient remis à patiner, trop contents de profiter de la dernière heure de jour. Mimi, ou quel que soit le nom de la dame en tablier bleu qui travaillait sous l'enseigne multicolore Mimi's Café, faisait frire des beignets. L'incident était clos. Pour eux, je veux dire, pour eux l'incident était clos.

Pour nous, c'était une autre affaire : on savait pas si la police avait finalement mis la main sur Oli, si Dean avait pu guider sans problème sa petite bande sur le chemin du retour et surtout, impossible de retrouver Dalila et Zhou : elles s'étaient évanouies dans la nature.

– J'espère qu'elles sont ensemble, tu as murmuré, les dents serrées.

J'avais la vision d'une toute petite Zhou blottie dans un buisson enneigé sur les rives de l'étang. Ça aurait pu me faire pleurer, un truc pareil.

– Il faut qu'on les retrouve avant qu'il fasse trop sombre, j'ai dit.

Heureusement que je connaissais l'endroit, parce que dans la lumière tombante il ressemblait vraiment à une forêt sauvage. Bien trop radins pour nous amener au Rock'n'Roll Hall of Fame ou sur les rives du lac Érié, nos parents avaient par contre aucun problème à nous laisser traîner sans surveillance dans les allées du Garfield Park. Avec ses cent hectares de verdure, *le poumon de Cleveland* regorgeait de cachettes où les deux filles avaient pu s'abriter. Je t'ai entraîné sur le vieux pont en pierre, tout en haut des grandes marches menant aux chutes d'eau, dans la clairière où je m'étais une fois retrouvée nez à museau avec une biche mais personne m'avait crue.

Pas de biche, pas de Dalila ni de Zhou. L'heure de fermeture approchait. Les lampadaires s'éteignaient. Les promeneurs rangeaient leurs patins, prêts à célébrer le réveillon dans leurs jolies maisons et à ouvrir leurs cadeaux sous les guirlandes du sapin. Il allait falloir prendre une décision : soit passer la nuit à la recherche de nos amies, soit rentrer la tête basse. Aux infos, quand un gamin disparaît, les experts disent toujours que les premières heures sont cruciales.

Tu t'es plaint du froid puis tu t'es excusé de t'être plaint et je me suis dit qu'un soir comme celui-là tu devais salement regretter de pas être auprès de ta famille. Pour te distraire, je t'ai raconté ma rencontre avec la biche. Tu ne m'as pas crue.

– On n'aurait jamais dû venir ici, tu répétais en te grattant le bonnet, encore sous le choc.

– C'est pas ta faute…

– J'avais promis à Dalila.

– Restez pas là les jeunes, on va fermer, a ordonné un agent de sécurité en nous éblouissant avec sa lampe torche. Vous auriez l'air malins à devoir passer la nuit de Noël loin de chez vous.

Ça nous a fait sourire et on a couru vers le grand portail qui donnait sur Broadway Avenue.

Je ne sais pas si c'est le retour à un air pollué par le diesel ou le tournant terrible qu'avait pris notre réveillon mais, d'un coup, j'ai eu le vertige. Les klaxons, les rires, les ritournelles de Noël, tout me donnait envie de vomir. Tout était absurde.

J'avais plus la force d'être celle qui trouve les solutions et ne baisse jamais les bras. J'étais à deux doigts de retourner dans le parc et d'hiberner dans une grotte près des cascades. Tu m'as prise par le bras alors que je m'éloignais dangereusement du trottoir et que j'ai failli me faire renverser par un taxi. En voulant te repousser, j'ai trébuché et me suis retrouvée le cul dans une neige à moitié fondue. Je ne sais pas ce qui t'as pris mais tu m'as imitée et tu t'es affalé à côté de moi.

– On tient plus debout, capitaine ?

– Foutez-moi la paix, lieutenant.

– Si vous tombez, je tombe avec vous.

On est restés là quelques instants, assis au milieu de la rue, manquant à chaque seconde de nous faire piétiner mais incapables de nous relever. J'étais hypnotisée par le clignotement d'un feu de circulation qui, au-dessus de ma tête, passait du vert au rouge et du rouge au vert.

– Si tu veux, on peut attendre que la neige fonde complètement et rester là jusqu'au printemps.

– Toi tu pars et moi je reste là.

– D'accord, tu as dit en te relevant. Alors j'offrirai ton cadeau de Noël à quelqu'un d'autre.

C'était assez troublant pour que je te tende la main et que tu m'aides à sortir de la poudreuse. Pourtant, j'avais jamais été du genre à veiller au pied du sapin en attendant le Père Noël. D'abord parce que au bout du dixième bracelet en plastique j'avais dû revoir mes attentes à la baisse. Ensuite parce que c'était risquer de croiser mon père complètement bourré dans la cuisine. Mais tu venais de trouver le meilleur remède à mon cafard : tu avais éveillé ma curiosité. Dès que j'ai été remise sur pied, tu m'as convaincue qu'il serait plus efficace de rentrer chez nous en bus.

– C'est sûrement ce qu'a fait Dalila. Elle connaît bien le quartier, je suis sûr qu'elle et Zhou nous attendent bien au chaud.

– Bien au chaud, tu parles, j'ai répondu en pensant aux radiateurs glacés et à la toiture mal en point du lycée.

– Façon de parler. Viens, on rentre vite et on cherche un plan pour récupérer Shark.

Un plan ? Tu connaissais pourtant notre règle d'or, celle qui était censée protéger nos secrets et avait séparé Dalila de sa sœur l'été dernier : si on se fait prendre, c'est terminé. Un pour tous et tous pour un, ça marche pour les Mousquetaires ou dans l'enceinte du Winston High. Une fois que les flics s'en mêlent, c'est chacun pour soi.

La ligne 76 nous a tranquillement fait remonter Broadway Avenue. Enfin, *tranquillement*, c'est peut-être pas le bon terme parce que ça grouillait de parents achetant leurs cadeaux à la dernière minute, de vieilles parfumées pour la messe de minuit et d'ivrognes s'offrant la tournée des pubs en guise de réveillon. On était collés tous les deux sur la banquette du fond, seule raison acceptable pour que nos corps se touchent. J'avais bien enfoncé mon bonnet jusqu'aux yeux. Il aurait suffi d'être aperçu par une des vieilles commères du quartier avec lesquelles ma mère passait des heures au salon de coiffure pour alimenter mille ragots ou m'offrir un aller simple chez les flics.

Tu t'es mis à fouiller dans ton sac à dos puis tu m'as tendu un petit paquet enroulé dans du papier journal, bizarrement assemblé par des bouts de Scotch.

– T'es sérieux ?

– Ouvre-le.

J'aurais préféré attendre d'être seule. Je n'aimais pas te voir content d'avance, m'observer avec tes yeux brillants. La gêne faisait rougir mes joues et avoir les joues rouges me gênait. J'ai fini par céder et j'ai déchiré sans trop de soin l'emballage tout froissé. J'ai d'abord trouvé un dessin qui, si on le tenait dans le bon sens, représentait le Winston High et ses occupants. J'étais coloriée tout en noir, avec un sens des proportions discutable.

– Quand il m'a surpris en train de te faire un cadeau, Bart a voulu y mettre une touche personnelle.

– C'est adorable. Et le mouton est vachement bien fait.

– C'est moi ça.

– Ah pardon.

J'ai pas pu m'empêcher de sourire quand j'ai découvert ta vraie surprise.

– C'est une boussole.

Tu as dit ça comme si je savais pas ce que c'était et j'ai rien trouvé à répondre, comme si je ne la trouvais pas magnifique avec sa petite flèche que les mouvements du bus faisaient trembloter.

– Un cadeau de mon père qui la tenait de son père qui, comme ta grand-mère, a traversé l'Atlantique pour s'installer ici.

– C'est un souvenir de famille, tu devrais la garder.

– Je n'en ai plus besoin. Elle était censée me montrer la bonne direction et, comme j'ai fini par vous trouver, je crois que ça a marché.

– Tu me l'offres parce que je suis perdue ?

Tes joues aussi étaient rouges. Il faisait une chaleur à crever dans ce foutu bus.

– Je te l'offre car tu la mérites. Parce que… Parce que c'est toi qui dois nous guider et que tu n'y arriveras pas toute seule. Je… je te l'offre pour que tu n'oublies pas que je suis là.

Tu bafouillais un peu. On sentait que tu avais préparé un discours tout plein de symboles et de métaphores mais que tu étais incapable de le réciter correctement. Si j'avais été mauvaise, je me serais dit c'est un peu grossier de recycler un vieux cadeau dans l'espoir de me séduire. Comme tu avais l'air sincère, je t'ai remercié. Ai embrassé ta joue qui gratte. Ai posé ma tête sur ton épaule et ai continué d'observer la flèche s'agiter. Ai presque souhaité que le bus ne s'arrête pas au Slavic Village et qu'on s'évade tous les deux.

Au Nord vers les montagnes.

Au Sud vers le soleil.

À l'Est vers le vieux continent.

À l'Ouest vers le Pacifique.

En 1879, quand Cleveland n'était encore qu'une ville au milieu d'une forêt, la première église catholique a été construite pour accueillir les immigrants polonais. En 1909, une tornade a défoncé les deux tours de chaque côté de la grande entrée mais elles ont été reconstruites quelques mois plus tard et se dressaient devant nous quand on est descendus du bus. Saint-Stanislas fait soixante-deux mètres de hauteur, c'est la tour Eiffel du Slavic Village, l'emblème qu'on retrouverait sur les cartes postales si c'était un quartier touristique. Mes vieux s'y étaient mariés, j'y avais été baptisée et ma grand-mère enterrée. J'avais beau avoir tourné le dos à la religion, cette vieille église était restée une figure rassurante dans ma vie et j'étais heureuse de me retrouver devant elle, avec toi. En ce soir de Noël, les paroissiens étaient réunis pour souhaiter un bon anniversaire à Jésus, tellement nombreux que les portes étaient restées grandes ouvertes, nous permettant de surprendre la chorale alors qu'elle entonnait *O Holy Night*. J'ai pas voulu entrer, ça aurait réveillé des souvenirs trop frais de funérailles, de ce moment il y a un an où, au quatrième rang, assise en larmes juste en dessous de la statue de saint Pierre, j'avais pris la décision de tourner le dos à ma famille de ratés. J'ai serré fort la boussole dans ma poche en tâchant d'oublier tous les Noëls minables. Je me retenais très fort de ne pas serrer ta main. Tu savourais la musique avec ton éternel sourire béat. Tu ressemblais à un saint.

Un frisson d'espoir, le monde las se réjouit. Pour qu'un nouveau matin éclatant se lève là-bas.

C'était joliment chanté mais je préférais quand même la version de Mariah Carey.

Elijah

25 décembre

Dans le cimetière attenant à l'église, les pierres tombales avaient disparu. Il a fallu gratter à travers une neige épaisse pour retrouver ta grand-mère. Elle reposait au pied d'un cyprès squelettique. C'était la première fois depuis l'enterrement que tu lui rendais visite. Déjà, sur les marches de Saint-Stanislas, alors que résonnaient les cloches de minuit, je t'avais sentie nerveuse et j'aurais voulu te prendre dans mes bras, te dire que le plus dur était derrière nous, que 2009 serait notre année et tout irait bien. Mais ça aurait été un mensonge et je m'étais promis de ne jamais te mentir. Ou alors juste par omission. Juste garder pour moi ce désir que j'avais de plus en plus de mal à dissimuler et qui me rendait plus maladroit que d'habitude, surtout quand une banquette de bus nous rapprochait ou qu'un cadeau éclairait ton visage. Quand tu t'es recueillie devant la tombe de ton ancêtre, j'ai préféré garder une distance polie. Tu m'as fait signe de m'accroupir avec toi sous les flocons. On entendait l'écho de la chorale et d'une ville. C'était un moment beau et calme comme on n'en avait pas vécu depuis longtemps.

– Tu en as vu combien, des morts ? tu m'as demandé sans véritable gravité, juste comme ça, pour savoir.

J'ai compté sur mes doigts. Pouce, index, majeur. Trois morts. Mon grand-père. Le chat de notre voisin qui était venu mourir dans notre abri de jardin et que j'avais trouvé bouffé par les mouches. Et puis l'oncle Sy.

– Dans le salon funéraire, j'ai passé des heures assise à côté de ma grand-mère. Ma mère arrêtait pas de se plaindre de la manière dont ils l'avaient maquillée. Je la reconnaissais pas. Ils avaient effacé son sourire. Ou n'avaient pas su comment le reproduire. Toute la journée, des couples de vieux croulants sont venus lui rendre hommage, nous dire quelques banalités qu'il fallait accepter poliment. Je suis restée à mon poste, près du cadavre, et j'avais l'impression de grandir à vue d'œil. C'était comme si…

Je ne sais pas ce qui m'a pris de t'interrompre. Je ne sais pas comment ma main s'est retrouvée sur ta nuque. La journée avait été longue. Parler de la mort alors qu'on était toujours pas fixés sur le sort de nos amis et que le froid nous mordait tout entier rendait nécessaire un tel rapprochement. Ta nuque s'est raidie, mes doigts étaient glacés. Pour se réchauffer, ils ont glissé à l'abri de ton bonnet. Je ne les contrôlais plus. C'était pourtant interdit d'aller se balader dans tes cheveux.

– Désolé, je voudrais pas…

Je ne sais pas ce qui t'as pris de m'interrompre. Tu as enlevé ton bonnet d'un geste rapide parce que, s'il avait été plus lent, pas sûr que tu en aurais eu le courage. Ça a été la plus belle découverte de l'année, ton visage tout entier. Il m'est apparu moins sévère. Assez doux pour que je me permette de caresser les mèches brunes de tes tempes. Tu as plongé tes yeux dans les miens comme si tu cherchais la réponse à une question que tu n'osais pas poser. J'ai pris soin de garder mes paupières grandes ouvertes. J'avais peur qu'au moindre clignement, le charme soit rompu. Ce petit jeu n'a peut-être duré qu'une poignée de secondes mais, si on m'avait demandé le meilleur moment de ma vie à cet instant précis, c'est cet instant précis que j'aurais choisi. Je ne me doutais pas que les secondes suivantes seraient encore plus précieuses. Sans prévenir et alors qu'un flocon venait fondre sur ta joue, tu as approché tes lèvres des miennes. Si tu ne l'avais pas fait, je suis certain à 99 % que je l'aurais fait. Et quand tu l'as fait, quand on s'est embrassés et qu'on a découvert que nos lèvres s'entendaient vachement bien, j'ai su aussitôt que je serais déterminé à reproduire ce moment autant de fois que possible, quitte à y consacrer toute mon énergie, quitte à ce que tout ce qui ne concerne pas toi et tes lèvres et ton nez glacé sur ma joue rouge soit fade et insignifiant. Ma main s'est glissée sur ta nuque, la tienne s'est posé dans mon dos et on aurait pu nous enterrer vivants. Sauf qu'il faut bien respirer et connaître ce terrible moment de gêne où seule la parole sait redonner aux cœurs un semblant de raison.

– Je… On a qu'à dire que c'était mon cadeau de Noël.

– C'était… oui, on a qu'à dire ça.

Je ne connaissais pas la date de ton anniversaire alors, dans le doute, j'ai préféré te donner mon cadeau en avance et on a remis ça avec la chorale comme bande-son sacrée de ce moment magique.

Anna

La joie de retrouver Dalila et Zhou nous a éloignés de manière presque naturelle. En s'enfuyant du parc, elles s'étaient d'abord planquées tout près en espérant voir arriver les autres. Et comme personne ne s'était pointé, Dalila avait décidé de rentrer à l'école. Elles avaient commencé à remonter Broadway Avenue à pied, dans le froid, et s'étaient arrêtées à l'église. On s'est retrouvés comme une aiguille dans une botte de foin, alors que la foule des paroissiens descendait en trombe les marches de Saint-Stanislas et que toi et moi, on sortait du cimetière, émus et gênés. Zhou, obéissante, avait gardé sa cagoule et je me suis dit qu'autour d'elle, dans l'église, les adultes avaient dû penser que cette gamine avait une grave maladie de peau ou un truc comme ça. J'ai pris sa main comme si je ne voulais plus jamais la lâcher. Dalila a commencé à raconter la messe et j'ai essayé de chasser de ma tête les images qui revenaient en boucle et ce sentiment de me prendre un coup dans le ventre que j'avais quand je repensais à tes lèvres.

C'était pas la première fois que j'embrassais un garçon mais c'était la première fois que je t'embrassais.

Le truc qui a tout de suite retenu mon attention, avant

même qu'on entre, c'est que, malgré le couvre-feu, des lumières étaient restées allumées dans les étages du Winston High. Une fois dedans, c'est l'odeur de tabac qui m'a surprise. Et puis il y avait un bruit bizarre, comme un rythme de techno. J'ai demandé à Dalila et Zhou d'attendre dans le hall pendant que j'allais voir ce qui se passait. Toujours sur ton petit nuage, tu comprenais pas pourquoi je me méfiais autant.

– Ils sont rentrés et ils ont fait une petite fête de Noël, tu m'as dit en bâillant.

J'ai cherché l'origine du bruit en avançant lentement dans les couloirs. J'ai fini par comprendre que c'était pas de la musique mais quelqu'un qui tapait dans une porte. Ça venait de la petite réserve à l'arrière du réfectoire.

– Ouvrez-moi, bordel !

Je me suis précipitée.

– Luka !

De l'autre côté de la porte, il s'est mis à taper plus vite et plus fort. J'ai plongé machinalement ma main dans ma poche mais le trousseau y était pas. Normal : je l'avais laissé à Luka. Et Luka en avait profité pour se faire enfermer dans un placard. Je ne comprenais rien. Je me suis mise à donner des coups dans la porte moi aussi, à secouer la poignée dans tous les sens. Plus lucide que moi, tu as filé dans la cuisine et récupéré une grosse louche métallique dont tu as glissé le manche dans la fente de la porte. On a forcé tous les deux autant qu'on a pu et le bois a fini par céder.

– Je… j'ai rien pu faire…

Il a fallu quelques secondes à Luka pour se relever, ses tentatives désespérées pour défoncer la porte l'avaient laissé en mauvais état. Quand il a commencé à nous expliquer ce qui s'était passé, je m'attendais à une descente de flics ou à un cambriolage.

– Ils étaient trop nombreux. Ils…

Il s'est figé en regardant par-dessus mon épaule. *Ils* nous avaient rejoints.

Le plus vieux devait avoir vingt ans et cinq têtes de plus que moi. Il était entouré d'une bande de gamins que j'avais jamais croisés dans les rues du Slavic Village.

– Désolé pour votre ami, on a pas eu le choix.

Le type s'est allumé une cigarette, tranquille. J'ai fait quelques pas dans sa direction pour lui montrer qu'il m'impressionnait pas, alors qu'en fait cette intrusion me faisait l'effet d'un électrochoc.

– Comment vous êtes entrés ici?

Il a sifflé le générique des *Simpson*.

– On discutera de vos failles de sécurité en temps voulu. Pour le moment, on voudrait parler avec le responsable.

– C'est moi.

J'ai entendu des ricanements et, si tu m'avais pas retenue, je ne suis pas sûre que j'aurais gardé mon sang-froid. Le grand balançait mon trousseau de clés dans sa main droite. Il a recraché sa fumée dans ma direction et a déclaré que, suite à la visite des locaux, il était sous le charme: lui et sa bande voulaient emménager au plus vite.

Janvier

Bart

(relu et corrigé par Elijah)

On est en 2009 et Elijah m'a demandé de trouver trois résolutions :

Écrire tous les jours dans le carnet que Dalila m'a offert pour Noël.

Apprendre à jouer de la guitare aussi bien que Dean.

Devenir aussi fort qu'Oli. Ou aussi fort que Marcus.

Je sais pas lequel des deux est le plus fort. Au basket, je dirais Marcus parce qu'il est plus grand. À la bagarre, Oli est sûrement meilleur. En tout cas, c'est ce qu'il dit. Mais on a plus le droit de se bagarrer. Tout a changé depuis que les nouveaux sont arrivés.

C'était vraiment une drôle de journée. Un moment on s'amuse dans le parc, le moment d'après c'est le bazar. Shark a disparu, la bande de Marcus est apparue. Ils nous surveillaient depuis longtemps et attendaient juste le bon moment pour s'infiltrer dans le lycée. Luka n'a rien vu venir et quand on est rentrés de notre promenade, il était déjà trop tard. On a eu très peur. J'ai fait semblant que non parce que je voulais pas que Chris et Bog me traitent encore de pleurnichard mais franchement, c'était difficile de pas trembler. Même Anna avait l'air de pas savoir quoi faire alors qu'Anna, elle sait toujours quoi faire. Elle a organisé d'urgence une grande réunion dans la cantine et les grands ont discuté toute la nuit de choses importantes. Anna dit toujours qu'on est une communauté, tous égaux et tous concernés, mais nous, *les petits*, on nous envoie toujours au lit quand il faut décider un truc important, c'est pas juste. Alors, avec Chris et Bog, on s'est faufilés dans un coin pour écouter. Marcus était en train d'expliquer qu'il était le chef de cette petite bande de *marginaux*. C'est le mot qu'il a utilisé et après, Elijah m'a expliqué qu'un marginaux, c'est quelqu'un qui vit en dehors de la société. Comme nous mais la différence avec nous, c'est que Marcus et ses amis faisaient ça même avant la crise et qu'ils venaient tous d'endroits différents. Lui venait de Detroit, son copain avec les dreadlocks venait de Chicago et il y avait même un Mexicain venu du Mexique ! Ils traversaient l'Amérique en inventant des combines pour survivre sans avoir besoin du *système* – j'ai demandé à Elijah c'était quoi le *système*, il m'a dit qu'il avait pas le temps. En retroussant sa manche, Marcus a montré un tatouage où c'était écrit *Les Pèlerins* et c'est comme ça que se surnommait sa bande et tout le monde avait le même sur l'avant-bras. J'ai trouvé ça plutôt cool. Pourquoi est-ce qu'on avait pas de surnom et de tatouage nous ? Anna a demandé s'ils étaient un gang et si la police les recherchait. Marcus a dit qu'ils étaient pacifistes et bien trop malins pour avoir les flics sur le dos. Ça a énervé Oli parce qu'il a repensé à Shark et Marcus lui a promis de régler ce *petit problème*. Après, je me suis endormi.

Le lendemain, les Pèlerins se sont installés au Winston High. Anna avait dit d'accord mais pas de violence ici et aussi qu'ils fassent rien sans la consulter. Marcus avait promis juré. On avait besoin de main-d'œuvre pour voler, nettoyer, réparer, ils avaient besoin d'un toit pour l'hiver. D'ailleurs, le premier truc qu'ils ont fait, c'est de réparer pour de bon les trous dans la toiture. Tout de suite, on a eu un peu moins froid et, pour les remercier, Anna leur a offert le troisième étage.

Les Pèlerins obéissaient tous vachement bien à Marcus et Marcus obéissait vachement bien à Anna même si on sentait que c'était pas la joie entre ces deux-là. C'est Elijah qui jouait les *entremetteurs*. Il essayait de convaincre Anna qu'on était plus forts à plusieurs et que c'était une chance de pouvoir agrandir notre petite société. Et puis après, il allait voir Marcus pour le convaincre de pas faire sa loi. Marcus, il s'en foutait, il était OK pour respecter les règles mais fallait pas trop qu'on lui dise quoi faire non plus. Par exemple, il avait pas du tout envie de suivre les ateliers. Il trouvait que c'était une perte de temps. Elijah a quand même réussi à entraîner quelques nouveaux dans les classes et y a même une fille qui a bien voulu donner un cours sur les ordinateurs. Cameron, elle s'appelle mais tout le monde l'appelle Cam et, je sais pas pourquoi, elle porte toujours un foulard sur la tête. Peut-être c'est un truc de musulman et Shark aurait pu m'en dire plus. Pauvre Shark. Moi si je suis arrêté par les policiers, peut-être que j'irai dans la même prison que mes parents. Ils sont en prison parce qu'ils ont volé de l'argent, il paraît. *Fraude fiscale* m'a dit Anna quand elle m'a recueilli. Ça a pas l'air si grave. Quand ils sortiront, je sais pas si je retournerai vivre avec eux. Pour l'instant je suis bien ici.

Et puis ça change un peu, toutes ces nouvelles têtes. Luka s'inquiétait de pas avoir assez à manger pour nourrir six personnes de plus mais Dave, le gars avec les dreadlocks, rapporte deux fois plus de provisions qu'Oli. Depuis l'arrestation de Shark, il est traumatisé Oliver, il sort moins. Les Pèlerins sont vachement mieux organisés que nous et connaissent des tas de combines. Marcus dit toujours qu'il faut être honnête pour vivre en dehors de la loi. Il passe ses après-midi dans les quartiers touristiques à vendre des plans de Cleveland qu'il photocopie dans l'ancienne salle des profs. Cam ramasse les fleurs coupées dans les poubelles des fleuristes et les revend sur le marché. Eduardo, j'ai pas trop compris, il dit qu'il se fait embaucher pour des inventaires dans les magasins et qu'il y a toujours moyen de piquer la marchandise. Moi, j'aimerais bien qu'on me donne une mission comme ça mais il paraît que je suis encore trop jeune. Bientôt a dit Marcus. Hors de question a dit Anna.

Alors je continue à suivre les cours. Comme si j'étais à l'école mais en mieux, surtout l'atelier de Cam. Au début, on devait apprendre à se servir de logiciels vachement ennuyeux mais Cam s'est mise à nous montrer d'autres trucs sur son ordi. Comment s'infiltrer dans l'ordinateur d'un autre ou comment pirater un compte Facebook. C'était pour rigoler mais d'après elle, en maîtrisant bien les codes, on pouvait gagner de l'argent sans se faire repérer et sans sortir du lycée. Bon, un seul ordi, c'était pas pratique pour progresser mais Cam nous disait d'être patients, que Marcus réussirait à convaincre Anna d'en installer d'autres, de créer un vrai *centre informatique clandestin.* J'aimerais bien avoir le mien pour regarder les dessins animés sur YouTube et parler sur Skype avec mes parents. Avant, je parlais sur Skype avec Kev, mon grand frère. Il me montrait ses copains de l'armée, le désert et sa vie, tout là-bas en Irak. J'ai demandé à Cam si elle connaissait l'Irak parce que j'avais entendu dire qu'elle était pakistanaise. Elle a rigolé et m'a dit non, ses parents étaient pakistanais. Elle, elle était née à Pittsburgh mais n'avait pas de patrie. Une citoyenne du monde, elle m'a dit. La classe.

Ce qui m'aurait rendu très heureux, c'est que tous les Pèlerins soient aussi gentils que Cam – même si elle dit que la gentillesse, c'est un mot qu'on arrête d'utiliser dès qu'on a dix ans, je sais pas, je verrai bien. Sauf que dans la bande, il y en a qui me plaisent beaucoup moins. Dave et Mishka, par exemple. Ils ont les yeux méchants et ils veulent pas que les autres s'assoient à leur table quand on mange. Une fois, j'ai essayé et Dave m'a dit que s'il avait voulu s'occuper de mômes il serait resté dans sa ville natale et il se serait marié. J'ai dit OK parce que je savais pas quoi répondre. Il a fait tomber mon assiette. Avec le boucan que ça a fait, les plus grands se sont levés d'un coup. On aurait dit des animaux dressés sur leurs pattes arrière. Marcus a dit à Dave de ramasser tout de suite et de s'excuser. Il a obéi à la première partie de la phrase mais pas à la deuxième. À la place, il m'a murmuré casse-toi. J'ai pas insisté parce que Dave, il a l'air dangereux. J'ai entendu Anna marmonner à Elijah que ces deux-là, Dave et Mishka, c'étaient des *chiens de la casse*. J'ai trouvé que c'était bizarre comme expression mais ils avaient une tête qui disait qu'il valait mieux pas trop poser de questions.

Au dessert, Marcus il est venu m'offrir son yaourt en me disant qu'il était désolé pour ses potes et qu'il espérait que j'étais pas fâché. Marcus, quand il sourit, on dirait une pub : personne a l'air plus heureux que lui.

– Je suis pas fâché, j'ai dit.

Il m'a ébouriffé les cheveux et il m'a répondu que j'étais un bon petit gars. Mon frère, il me disait aussi ce genre de choses. Il disait que c'était important d'être un bon petit gars. J'ai trouvé ça drôle que Marcus utilise les mêmes mots que Kev parce que Kev, il lui arrivait de dire que les Noirs étaient pas du tout comme nous. J'aurais bien voulu qu'il soit vivant juste pour pouvoir lui apprendre qu'en fait, il était exactement comme Marcus.

Nous, les anciens du Winston, on a tous nos préférés parmi les Pèlerins. Moi, c'est Cam – et juste en deuxième Marcus. Chris et Bog, ils font semblant de pas aimer la nouvelle bande pour pas décevoir Anna mais ça se voit qu'ils regardent Eduardo comme un superhéros. Eduardo, c'est lui qui vient du Mexique. Il sait parler mexicain et il a toujours des tours pour le moment du dîner. Il peut jongler avec des morceaux de sucre et faire apparaître des bonbons derrière les oreilles. Il peut aussi monter debout sur une chaise, un pied sur le siège et l'autre sur le dossier, et la faire pencher presque jusqu'au sol sans perdre l'équilibre. Marcus dit qu'il crache aussi du feu mais je crois qu'il se moque de moi. En tout cas, j'ai fait une grimace qui montrait que j'y croyais pas. Il y a que les dragons des dessins animés qui crachent du feu. C'est vrai qu'il est fort, Eduardo, mais il a une voix désagréable. On dirait tout le temps qu'il crie et c'est pour ça que je préfère Cam parce qu'elle parle doucement et qu'on dirait qu'elle chante. Luka aussi, je crois qu'il aime bien Cam. Apparemment, ils ont lu des tas de livres en commun. Je ne sais pas quand ils ont trouvé le temps de faire ça. Elle se moque de lui en lui disant qu'il a pas compris que le combat aujourd'hui passe par les ordinateurs. Ça le fait rire, il dit qu'il est vieux jeu et moi je ne comprends pas ce qu'il y a de drôle.

Dean et Lily, ils parlent souvent avec Marcus et avec une fille qui s'appelle Jena ou Geena, je ne sais pas comment ça s'écrit. Geena, elle est très belle : sa peau est comme du miel et elle a toujours des coiffures. Dalila, elle tourne toujours autour de ses cheveux en demandant si elle peut lui faire des tresses, ou lui mettre des petits élastiques, et parfois Geena est d'accord.

Mais évidemment, personne ne parle à Dave et Mishka – les chiens de la casse.

– Pourquoi est-ce qu'ils sont aussi méchants ? j'ai demandé à Marcus.

– Pourquoi est-ce que tu crois que les gens sont méchants ? il a répondu.

C'était pas une vraie réponse, j'ai trouvé, mais j'ai essayé de réfléchir parce que je voulais faire plaisir à Marcus. J'ai fait une liste, je pense qu'elle est bien :

- Parce qu'ils veulent trop d'argent.
- Parce qu'ils ont pas eu de maman.
- Parce que personne ne les aime.
- Parce qu'ils boivent de l'alcool.
- Parce qu'ils sont contents d'être méchants.

J'ai montré ma liste à Marcus mais il m'a pas dit si j'avais trouvé la bonne réponse. Il a juste dit qu'il était un peu occupé, là, et qu'on en reparlerait plus tard et aussi qu'il fallait pas que je m'inquiète parce que Dave et Mishka m'embêteraient plus. J'ai aussi montré ma liste à Chris et Bog mais ils s'en moquaient complètement. Les jumeaux, eux, ils disent que le problème de Dave et Mishka, c'est juste qu'ils sentent bizarre. En fait, c'est pas pour dénoncer, mais ils ont utilisé des gros mots. Ils ont dit que Dave et Mishka, ils puent du c… Je l'écris pas dans ce carnet parce que c'est vilain.

J'ai voulu montrer ma liste à Anna puisqu'elle a toujours réponse à tout mais elle était pas dans son bureau. Alors je suis parti à sa recherche et j'ai fouillé Fort Édredon, les salles de classe, la cantine et je suis même sorti jeter un œil au potager même si j'ai pas le droit de quitter le bâtiment sans l'accord d'Anna normalement sauf que comme c'était justement Anna que je cherchais je me suis dit que j'avais pas le choix. Bon, de toute façon, elle était pas dans le potager.

Je ne suis pas allé au troisième étage parce que les Pèlerins aiment pas qu'on aille chez eux.

Par contre, je suis allé dans la bibliothèque vu que c'est chez Elijah et que personne n'a peur de lui. Elijah, c'est un vrai gentil. Peut-être que c'est un mot d'enfant comme dit Cam mais moi je trouve que c'est un mot qui marche même pour un grand comme Elijah. Il ressemble à un gros chien avec ses boucles et il a les mêmes yeux gentils et tristes que les très gros chiens qu'on devrait pas avoir en appartement, comme disait ma mère quand j'en réclamais un. Alors j'ai même pas frappé. Je suis juste entré. On aurait dit qu'il y avait personne mais j'entendais des voix qui chuchotaient tout bas. J'ai avancé au milieu des livres. Sur les étagères, parfois il y avait des trous, comme s'il manquait beaucoup de bouquins, et je me suis demandé si c'étaient Cam et Luka qui les avaient pris, ou peut-être Elijah parce qu'il lit tout le temps aussi et je trouvais ça bizarre de me dire qu'on peut savoir exactement quel livre choisir ici parce que les livres se ressemblent tous et je comprends pas pourquoi les grands les aiment tellement.

Kev, lui, il les aimait pas beaucoup. Il préférait les magazines, ou alors faire du sport. Mais il se moquait tout le temps de moi à cause de mes lunettes et il me disait que j'avais une tête à lire des livres. Peut-être, sauf qu'il y en avait pas à la maison alors je vois pas comment j'aurais pu en ouvrir un.

À travers les trous, à un moment, j'ai vu des silhouettes et je me suis approché. C'était Elijah, c'est sûr, et il était avec Anna, ce qui était très chouette puisque c'était elle que je cherchais, sauf qu'ils étaient tout collés et qu'ils se faisaient des bisous sur la bouche et ça m'a fait complètement paniquer. J'ai peut-être sursauté, je me souviens pas, en tout cas j'ai tapé dans les étagères et un bouquin est tombé et les deux l'ont entendu et ils ont tourné la tête d'un coup, l'air pas vraiment en colère mais un peu affolés, tout rouges, et ils m'ont vu et moi je me dandinais d'un pied sur l'autre, comme quand mes parents me surprenaient en train de faire une bêtise, et puis Elijah s'est mis à rire et il a dit :

– Tu en fais une drôle de tête, Bart… C'est pas si grave de s'embrasser.

– C'est très grave ! j'ai couiné. Anna peut tomber enceinte et ici personne sait comment faire sortir les bébés !

Ça a été à leur tour de faire une drôle de tête. Il y a eu un petit silence et puis Anna a dit :

– C'est pas comme ça qu'on fait les bébés, Bart.

– Si ! C'est mon frère qui me l'a dit !

Elle a fait une grimace que j'aurais trouvée rigolote si ça avait pas été très grave. Mais là, j'avais surtout envie de pleurer.

– Il a un peu simplifié parce que tu es petit.

– Ça veut dire quoi, ça ? j'ai demandé.

– Disons qu'il a oublié certaines parties du corps, a ajouté Elijah.

Anna lui a donné un coup de coude dans les côtes. Elle a commencé à murmurer des trucs que j'entendais pas en entier mais j'ai réussi à comprendre *trop tôt* et *du cas sionsexuel.*

– Mon frère est pas un menteur ! j'ai crié.

Je suis parti en courant parce que ça devenait très dur de pas pleurer et que j'en avais marre qu'on se moque tout le temps de moi parce que je pleurais. Je les ai entendus m'appeler mais j'ai fait comme si j'entendais rien. Je voulais plus les voir. Ils faisaient n'importe quoi dans la bibliothèque et à cause de ça ils allaient avoir des bébés et on pourrait pas s'en occuper et il faudrait qu'ils prennent un travail qu'ils aimaient pas pour nourrir les bébés et ils changeraient de vie et ils seraient tristes. Kev m'avait tout expliqué. On pouvait pas me raconter des bêtises sur ça. Kev m'avait aussi expliqué que les gens, quand ils sont amoureux, ils se rendent pas compte qu'ils doivent arrêter de s'embrasser, rapport aux bébés et tout, parce qu'ils ont juste envie de s'embrasser et ils pensent pas à la vie pourrie qui les attend. Elijah et Anna, ils étaient exactement comme ça. Et des gros égoïstes en plus.

Dans le couloir, une fois qu'il n'y avait personne pour me voir, je me suis mis à pleurer pour de bon.

Le lendemain soir, Marcus est venu s'asseoir en face de moi au dîner. Il m'a demandé :

– Pourquoi ça va pas, bonhomme ?

Au début, j'ai pas répondu parce que c'est pas bien de dénoncer. Mais il a continué, il a dit : pourquoi t'étais pas aux ateliers, et pourquoi tu touches presque pas à ton assiette, et pourquoi tu as l'air d'avoir avalé un poisson vivant, etc. Alors au bout d'un moment, ça m'a fait sourire et j'ai répondu que j'avais pas avalé de poisson mais que j'étais fâché contre Anna et Elijah. Je lui ai pas dit pour les bébés parce que ça me paraissait pas des choses qu'on dit à tout le monde mais j'ai quand même montré en collant mes index qu'ils faisaient que se faire des mamours.

– C'est plutôt une bonne chose d'être amoureux, Bart, a dit Marcus. Ça rend les gens heureux !

– Seulement au début, j'ai dit.

Il a éclaté de rire et puis il m'a regardé comme un docteur :

– Comment tu fais rentrer autant de pessimisme dans un si petit corps ? il a voulu savoir mais je pouvais pas répondre parce que j'avais pas compris.

J'ai juste haussé les épaules.

– Le seul problème quand des gens sont amoureux, il a repris, c'est qu'ils oublient un peu le reste du monde. Ça, c'est inévitable. C'est ça, le problème ? Tu as l'impression d'être oublié ?

J'ai dit que oui, même si c'était pas tout à fait juste parce qu'en fait, avant de voir Anna et Elijah s'embrasser, j'avais pas remarqué de changement.

– C'est jamais marrant de se sentir seul, a dit Marcus. J'en sais quelque chose.

– Mais toi, t'es pas seul ! T'es le chef des Pèlerins !

Il a répondu que j'avais raison, mais que justement le chef, c'était pas le copain, ni le frère ou quoi que ce soit, et que c'est parce qu'il était le chef qu'il se sentait seul. Un chef a jamais le droit d'avoir l'air faible, il a dit, pas le droit d'être triste, et il a personne à qui confier ses secrets. J'avais jamais vu ça comme ça et tout à coup, j'ai eu de la peine pour lui.

– Moi je garderai tes secrets, si tu veux, je lui ai dit. Je suis super fort pour ça.

Il m'a refait son grand sourire qui me rend fier à chaque fois.

– Et si je voulais cacher quelque chose ? il a demandé. Tu pourrais me montrer le meilleur coin du lycée ?

Anna

On était en janvier, le mois des bonnes résolutions. Tu l'avais assez répété, tu avais même fait un atelier sur le thème. Sauf que moi, je listais surtout les désaccords entre nous et les Pèlerins.

En n° 1, j'avais un gros problème avec le fait qu'ils buvaient. Pas tous, seulement les plus âgés, mais ils rapportaient de l'alcool dans le Winston High alors qu'il n'y en avait jamais eu. Marcus faisait gaffe à ce que personne soit jamais complètement bourré. Il gardait les bouteilles sous clé dans un des placards de la cantine, comme s'il était un barman méfiant. Mon problème n° 2, c'était d'ailleurs le fait que jamais il m'avait rendu mon trousseau. En plus, j'étais sûre que sa politique de prohibition était totalement inutile. Les yeux vitreux et l'odeur de Dave et Mishka me paraissaient des preuves assez claires. Je me demandais même s'ils prenaient pas d'autres trucs.

Ces deux-là étaient mon problème n° 3. Autant j'étais sûre de l'autorité de Marcus sur les autres Pèlerins, autant je sentais qu'eux deux pouvaient lui échapper à tout moment. Marcus disait que non. Il m'assurait que tout allait bien et qu'il y avait pas de lutte pour le pouvoir dans son groupe. Mais quand Dave avait balancé le dîner de Bart dans le réfectoire et qu'il était intervenu dans la seconde, j'avais remarqué que, malgré son air décidé et sa voix calme, ses jambes tremblaient sous la grande table. Il était comme moi : il avait peur de ce que ces deux-là pouvaient faire.

Le plus gros problème, c'était sûrement le n° 4 : l'abondance. Depuis que les Pèlerins étaient là, on avait plus que le nécessaire. D'accord, voir réapparaître des chicken wings m'avait presque fait sauter de joie mais on n'avait pas besoin de la moitié des choses qu'ils rapportaient chez nous, point barre. Ils avaient un mode de vie différent du nôtre et même si Marcus se montrait beaucoup plus cool que ce qu'exigeait le rapport de force, il pouvait rien faire contre les minuscules clashs de civilisation qui naissaient sans cesse entre eux et nous. Quand toi, Luka et moi on avait essayé de lui expliquer ce qu'on avait construit ici, il s'était marré et il avait dit « Si ça vous fait plaisir ». Il avait accepté des compromis : envoyer Geena, la plus jeune d'entre eux, aux ateliers et Eduardo à la cuisine pour aider Luka. Organiser des temps de parole réguliers entre nous pour calmer les grosses tensions. Les Pèlerins prenaient aussi leurs tours de garde sur le toit. À part ça, ils faisaient leur vie, on faisait la nôtre. Ils se foutaient bien de nous. Je les détestais.

En dernier lieu, en n° 5, de façon totalement secrète, j'en voulais aussi aux Pèlerins parce qu'ils m'empêchaient d'avoir le temps de penser à toi, du temps à passer avec toi. J'étais de nouveau sur le pied de guerre, comme pendant les premiers mois ici, et j'avais plus le cœur à ça. Rien que pour ça, j'étais incapable de m'entendre avec Marcus. Et donc, j'étais incapable de parler d'autre chose que de lui quand je me retrouvais avec toi.

– Tu t'inquiètes pour rien, tu m'as dit. C'est comme une colocation et on a plutôt eu de la chance. Marcus est sympa, le toit est réparé…

Je t'ai coupé la parole pour te demander comment on pourrait baisser la garde devant des gens qui nous avaient *envahis*. Je t'ai rappelé de quelle façon ils avaient attendu notre départ pour entrer dans le Winston High sans difficulté.

– Et donc sans violence, Anna. C'était plutôt bien pensé de leur part, on peut quand même leur accorder ça.

– Et Luka enfermé dans la réserve ?

– Il n'a plus huit ans. Il n'est pas traumatisé. Il est le premier à en rigoler avec les Pèlerins.

Ça, je le voyais bien. Tout le monde rigolait avec les Pèlerins. Vous vous étiez même mis en tête d'organiser un grand match de basket, eux contre nous.

Elijah

Le terrain du gymnase était notre défouloir. Dès son premier cours, Oliver avait compris qu'il ne coachait pas pour la NBA et que le niveau de ses joueurs était au mieux inégal, au pire désastreux : Bart rebondissait avec le ballon, les jumeaux préféraient taper dedans avec les pieds et, par peur de se fouler une cheville, Dalila refusait de s'en approcher. J'étais peut-être le plus minable de la bande et souffrais de terribles courbatures à la fin de chaque entraînement. Les seules bonnes recrues étaient Shark (qui devait désormais foutre la pâtée à l'équipe du centre de détention juvénile), Luka parce qu'il était grand (même s'il préférait largement *suer autour d'une bonne vieille partie d'échecs*) et Lily qui adorait *foncer dans le tas* (elle m'avait offert un bleu au genou). Très vite, Oliver s'était donc concentré sur ce que le sport proposait de meilleur : la camaraderie. Je me rappelle avoir trouvé ça très mature de sa part et j'étais heureux que, même après la disparition de Shark, il continue à encadrer nos matchs. Son tonus s'était peut-être amoindri mais il prenait toujours soin de nous coacher avec bienveillance et, mine de rien, de nous faire progresser vers un jeu collectif. Il savait l'effet qu'avait son atelier sur le moral des troupes, en particulier l'hiver. Bouger l'hiver, c'est survivre.

Quand les Pèlerins sont entrés dans la partie, ils ont apporté une énergie bien à eux. Au début, on leur laissait le terrain quand ils débarquaient et on les regardait depuis les bancs. Puis Marcus a voulu tester nos capacités en organisant un match Winstoniens *vs* Pèlerins. Oliver a râlé pendant quelques jours en disant que ça ne rimait à rien et puis il a cédé. Allez, juste une fois, juste pour voir de quel bois on se chauffe. Et ce qu'on a vu, c'est une démonstration de force qui ne laissait aucune chance à notre amateurisme. Dès l'échauffement, ça s'est mal passé. La bande de Marcus était meilleure en tout et voulait que ça se sache : plus grande, plus rapide, plus endurante. On ne faisait pas le poids. C'était l'autre facette du sport, celle qui écrasait les plus faibles et qu'on avait à cœur de réinventer : la compétition. Clairement, Marcus n'était pas là pour réinventer. Il voulait gagner.

Le terrain lui appartenait. Peu à peu, les petits sont retournés au vestiaire. Bart avait été bousculé, Chris avait reçu un coup de genou, Bog restait planté à la même place sans rien tenter. Même en douce, il était devenu impossible de se passer un ballon sans qu'un Pèlerin ne l'arrache pour le faire rebondir plus haut. Seul Oliver a refusé de botter en touche. Il était suffisamment bon pour tenir tête aux mastodontes. Le problème, c'est que le basket était devenu pour lui une zone de combat. Il ne supportait pas de voir Marcus lui donner des conseils et Marcus savait que lui donner des conseils était le moyen le plus efficace d'affirmer sa domination.

– Je suis un peu déçu, Oli. Je croyais que t'étais le meilleur attaquant du Slavic Village. C'est tout ce que t'as dans le ventre ?

J'étais dans les gradins quand c'est vraiment devenu moche. J'ai regardé ça impuissant, comme devant un accident au bord de la Highway 71. Chauffé à blanc par les remarques de Marcus, Oliver se démenait pour être sur toutes les actions, contrer chaque passe et marquer chaque panier. Il était tombé dans le piège des Pèlerins qui le laissaient s'épuiser en ricanant. Au bout d'une demi-heure de match, Oliver était une boule de nerfs prête à exploser. Il n'y avait plus qu'à allumer la mèche et ce salaud de Mishka s'en est chargé.

– T'es vraiment une larve en fait, ça m'étonne pas que ton petit copain se soit fait coffrer par les poulets…

Il s'est penché juste à temps pour éviter le ballon d'Oliver mais n'a pas anticipé l'uppercut qui a suivi. Dave est entré dans la bagarre avec un coup de boule et avant que Marcus ne se décide à intervenir – et je le soupçonne d'avoir pris tout son temps – la mâchoire d'Oliver dégoulinait de sang. J'étais atterré. Je n'osais pas imaginer ce que ça aurait donné si tu avais été là. Je crois même pas t'avoir raconté la scène en détail parce que je ne voulais pas assister à deux affrontements dans la même journée. Mais tu as vu la gueule d'Oliver. Malgré tous les efforts de Dalila à l'infirmerie, il avait perdu une dent.

–Vous inquiétez pas pour moi, c'est encore pire pour Mishka. Je l'ai défoncé.

C'est là où je me suis dit que, par effet de rebond, quelque chose de pourri était en train de gagner du terrain.

Anna

– Je veux que Mishka dégage. On avait interdit la violence.

Tu m'as regardé avec ton air fatigué et tu as soupiré.

– C'est Oliver qui a commencé.

– Mais c'est Mishka qui l'a provoqué ! Ce mec est une calamité. Tu sais ce que Dean m'a dit l'autre jour ? Qu'il lui avait proposé un joint. Putain !

Exactement ce que je détestais : tu étais venu me retrouver dans ma chambre et on parlait encore d'eux. Ça aurait pu durer des heures si Chris ne s'était pas pointé. Il suçotait sa lèvre inférieure d'un air angoissé et il ne regardait franchement ni toi ni moi. Mais surtout, il était *tout seul.*

– Il est où, Bog ?

– Il est malade, Nana. Il veut pas sortir du lit.

Chaque fois que les jumeaux avaient peur, mal, ou quand ils étaient tristes, ils recommençaient à déformer mon nom comme quand ils étaient tout petits. Je me suis tournée vers toi et tu m'as fait signe de foncer, qu'on continuerait plus tard.

– Qu'est-ce qu'il a ? j'ai demandé à Chris en essayant de

pas le distancer dans le couloir. C'est un truc qu'il a mangé ?

Chris a secoué la tête.

– C'est pas son ventre. Il est tout rouge. Et je comprends rien à ce qu'il raconte.

Merde. J'ai accéléré. Chris arrivait plus à suivre mais je m'en foutais.

Quand j'ai posé la main sur le front de Bog, c'était pire que ce que j'avais imaginé. Il était vraiment brûlant. Ses yeux étaient grands ouverts mais j'avais pas l'impression qu'il me voyait. La literie était toute trempée, sans que j'arrive à savoir si c'était la sueur due à la fièvre ou s'il avait fait pipi. Je l'ai pris dans mes bras et, d'une main maladroite, j'ai arraché le drap mouillé. Ça avait traversé jusqu'au matelas. Je suis restée comme une idiote avec mon frère brûlant serré contre moi, sans savoir où le poser.

– Chris, j'ai dit en essayant de garder une voix calme, va chercher Elijah. Dis-lui qu'il rapporte la boîte à pharmacie. Et un drap-housse.

Il est parti en courant. Je me suis retrouvée toute seule, incapable de faire autre chose que murmurer des mots rassurants à Bog, sans savoir si, dans son brouillard de fièvre, il comprenait quoi que ce soit. J'ai dit ça va aller, je suis là, tout va bien, chuuuuut chut chut, ça va aller, et deux ou trois autres conneries. J'ai fait semblant de me moquer de la traînée de bave qu'il laissait sur mon pull alors qu'en vrai, je pensais que si je devais le laver j'allais geler sévère le temps qu'il soit sec. C'était mon seul pull. Bog pesait sacrément lourd, maintenant. Je me suis demandé pendant combien de temps j'allais être capable de tenir un de mes frangins dans mes bras. Un an ? Deux ? Six mois ?

Chris ne revenait pas.

À un moment, Bog a croassé quelque chose. Je me suis penchée vers lui :

– Qu'est-ce que tu dis, petit chat ?

– Ma-man, il a répété. Je veux maman.

– On a pas besoin d'elle, j'ai répondu fermement.

Parce qu'elle l'aurait pas porté. Elle aurait pas changé ses draps. Elle aurait pas murmuré des paroles douces à son oreille. Elle ne l'avait jamais fait alors pourquoi elle aurait commencé maintenant ? Ça me faisait mal qu'il la réclame, elle.

Tu as fini par te pointer avec la trousse à pharmacie mais quand on a fouillé dedans pour trouver de quoi calmer la fièvre, on en a tiré que des boîtes périmées dont on connaissait pas les noms. On s'est énervés sur les notices en essayant de comprendre. La seule chose utile sur laquelle on a mis la main, c'était un thermomètre. Je l'ai glissé dans la bouche de Bog. Ça l'a empêché d'appeler notre mère quelques secondes. Mais Chris a pris le relais, j'ai été obligée de l'envoyer faire un tour. Tu as demandé :

– C'est dangereux à partir de quelle température, la fièvre ?

Je ne savais pas vraiment. J'ai dit :

– 40 °C ?

– C'est pas pour les adultes, ça ?

Je ne savais vraiment pas.

On a attendu le petit bip du thermomètre et tu l'as retiré pour lire. J'ai vu à ta tête que c'était pas bon. Tu as articulé :

– 39,1.

Bog a fait un petit sourire comme s'il venait de décrocher une médaille. Tu t'es mis à raconter des conneries sur ton médecin de famille qui était super et chez qui, peut-être, on pourrait aller. Il nous dénoncerait pas, tu en étais sûr. Tu étais reparti dans ta vie d'avant. Je me suis demandé pourquoi j'avais embrassé un fils à papa pareil.

– Ferme-la, Elijah.

Quand Chris est réapparu, il était pas seul. Marcus et Cam se tenaient derrière lui.

– Qu'est-ce que vous foutez là ?

Ils ont pas répondu. Cam s'est assise à côté des boîtes de médicaments qu'on avait éventrées. Elle a ouvert son ordinateur et à la vitesse de la lumière elle a tapé les noms un par un.

– C'est de la merde. Marcus, je dois avoir des cachets dans mon sac à dos. Tu... ?

Elle a pas eu besoin de finir sa phrase. Il était déjà parti. On est restés comme des cons, toi et moi. Cam a demandé :

– Comment vous avez fait pour tenir sans médicaments ?

J'ai secoué la tête :

– On a eu de la chance. Jusque-là, on s'en est tirés avec des rhumes. Des bobos. Trois fois rien.

Elle m'a regardée gentiment :

– C'est impressionnant, hein, la fièvre sur les petits ? Ça te donne un bon sentiment d'impuissance.

J'ai hoché la tête en caressant les cheveux trempés de Bog.

– Mais t'inquiète. Il nous reste des trucs de la dernière grippe de Geena. Au pire, ton frangin va se taper deux jours de gros délires mais ça va retomber.

– Comment tu peux savoir ça ? T'as eu un diplôme de médecine sur Internet ?

Elle s'est marrée et elle a répondu :

– Je pourrais sûrement. Mais ça fait surtout deux ans que je suis avec les Pèlerins. On a eu pas mal de merdes. Et avant ça, j'ai passé toute mon enfance dans la pharmacie de mon père.

Quand Marcus est revenu avec son sac, elle a sorti une plaquette de cachets, en a éjecté un d'un mouvement du pouce et elle l'a glissé entre les lèvres de mon frère. Puis elle lui a tendu une bouteille d'eau, lui a relevé la tête et l'a aidé à boire.

– Ça devrait faire effet dans la prochaine demi-heure. Et ce serait bien que les autres aillent dormir ailleurs. Il est contaminé, votre Fort Édredon.

On a fait comme elle disait. Mais toi et moi, on est restés avec Bog toute la nuit. La première heure, on vérifiait sa température toutes les dix minutes. On l'a vue tomber peu à peu. Et on a fini par faire pareil. Sous les couvertures, ta main a cherché la mienne. La première nuit que j'ai passée dans tes bras, c'était pour veiller un enfant malade au milieu des germes de la grippe.

La deuxième aussi.

La troisième, comme Cam l'avait prédit, la fièvre est retombée. Mon frère a fait un grand sourire et déclaré qu'il avait méga la dalle.

Février

Anna

Je suis pas du genre à admirer les gens mais pour Cam, j'ai dû faire une exception. J'étais contente qu'il y ait une fille intelligente et drôle à qui parler. Elle devait avoir deux ans de plus que moi, quatre de plus que Dalila, mais il y avait un monde entre elle et nous qui tenait pas juste à l'âge. Cam avait vu des choses, elle avait vécu dans plusieurs villes, elle s'intéressait à des tas de sujets comme la géopolitique et la sociologie (des mots qui pour moi collaient avec des concours à l'université et pas avec des trucs dont on parlerait à table). Quand je discutais avec Cam, je sentais que mon cerveau recommençait à fonctionner, comme s'il avait été à l'arrêt pendant les derniers mois.

– C'est gentil, tu avais dit. Je suis heureux d'apprendre que je suis trop bête pour te sortir du mode *veille*.

J'avais éclaté de rire et je m'étais excusée. J'avais pas osé t'expliquer à quel point c'était différent quand je parlais avec toi. Il y avait beaucoup d'autres choses que la tête qui entraient en jeu, comme par exemple mon ventre qui se nouait, ou mon cœur qui accélérait, ou ma bouche qui s'asséchait… Te voir réussissait à la fois à détraquer tout mon corps et à me rendre heureuse. C'était comparable avec aucune autre conversation que j'avais.

Cam avait une façon d'être ironique qui me plaisait, une façon d'envoyer les autres Pèlerins se faire voir quand elle trouvait qu'on lui parlait mal ou juste quand elle en avait envie qui me plaisait encore plus. Quand elle avait appris que j'avais détruit tous les portables sauf celui d'urgence que je tenais caché, elle m'avait demandé « et les ordis ? ». Je lui avais répondu que la salle info avait été vidée avant notre arrivée.

– Vous avez jamais pu vous chercher sur Internet, alors ?

– Hein ?

– Tu as – quoi ? – douze gamins fugueurs ici… Tu ne t'es jamais demandé si vos gueules avaient pas fini sur les briques de lait ou les abribus à côté d'un numéro d'urgence ?

J'ai haussé les épaules mais tu as presque crié de soulagement :

– Enfin, merci ! Je me pose la question depuis le début.

Cam a demandé les noms de toute notre petite communauté. Ses mains bougeaient au-dessus de son clavier comme des araignées supersoniques. Elle a eu un sifflement admiratif et elle a tourné l'ordi pour qu'on puisse pas voir l'écran.

– Et maintenant, elle a dit, on va faire un petit jeu : à votre avis, qui est le plus activement recherché sur Internet ?

Je t'ai jeté un regard inquiet. J'espérais que tu allais être bien placé.

– Dean et Lily, j'ai supposé.

Cam a eu l'air déçu que je trouve aussi facilement. Et tu as eu l'air encore plus déçu de pas avoir la première place.

– T'es deuxième au compteur des clics, Bouclette, a lancé Cam pour te consoler. Et ton père a choisi une photo sur laquelle tu as une bonne tête pourrie.

Elle a retourné l'ordinateur. J'ai éclaté de rire. Toi aussi, après un petit temps. Puis Cam s'est de nouveau penchée sur l'écran et a dit sérieusement :

– Il n'y a que des initiatives perso, apparemment. Pas de campagne plus vaste. Je trouve surtout des photos partagées sur les réseaux sociaux. Sur le site de plusieurs églises du coin aussi.

– Le père de Dean et Lily est pasteur, j'ai expliqué.

– Bref, rien de très inquiétant pour vous. Et rien qui justifie qu'on en parle aux autres, je suppose.

Je l'ai remerciée d'un sourire. Dans une autre situation, j'aurais voulu m'en faire une amie. Mais elle faisait partie des Pèlerins, et les Pèlerins, c'était que des problèmes.

Leur nouveau truc, c'était de faire entrer de l'argent au Winston High. J'avais failli arracher les yeux de Marcus quand je l'avais découvert. Il m'avait dit que tant qu'il partageait avec nous je devais surtout m'estimer heureuse et pour me le prouver, il était revenu le soir-même avec un stock de bonnets et de gants pour les petits. Comme on sortait d'une épidémie de grippe lancée par mon frangin, et qu'on était en février, j'avais fermé ma gueule. Ça l'avait encouragé. Au bout de quelques jours, l'argent menaçait de redevenir une valeur d'échange entre nous, à l'intérieur du lycée. Les Pèlerins hésitaient pas à en demander contre un objet ou un service. Je me disais qu'ils comprendraient vite fait que ce genre d'exigences était débile pour les Winstoniens qui se baladaient toujours les poches vides. Sauf qu'en fait le basculement se faisait dans l'autre sens : les membres de notre bande commençaient à accumuler les piécettes et j'ai découvert que les petits s'en servaient aussi entre eux, pour tout et n'importe quoi. Un jour, Bart m'a avoué que s'il pleurait c'était parce qu'il avait pas les 50 cents que Chris et Bog réclamaient pour lui prêter leur Action Man.

– Ils veulent 50 cents pour ça ? j'ai demandé, hallucinée.

Il a fait oui de la tête, en envoyant des larmes partout.

– Mais pourquoi ils ont besoin de 50 cents ? Ils vont faire quoi avec ?

– Ils vont les donner à Zhou pour qu'elle leur fasse un dessin, a sangloté Bart, décidément dramatique.

Je savais pas ce qui me déplaisait le plus : que la benjamine du groupe soit tombée elle aussi dans la spirale de l'argent ou que mes frères se révèlent être de vrais requins.

– Et puis, elle vient d'où cette thune ? j'ai demandé le soir même à Marcus. Pourquoi est-ce que je vois passer des billets de 20 ou de 50 ? Tu me feras pas croire que ce sont vos arnaques à touristes qui rapportent autant…

Il a haussé les épaules, l'air de penser que je faisais une montagne de rien du tout. Ça m'a énervée parce que je trouvais qu'il réagissait avec moi comme moi avec Bart. Tu as vu que je commençais à bouillir et tu as posé une main apaisante sur mon épaule. Depuis l'arrivée des Pèlerins, tu jouais le négociateur. Tu étais toujours calme, toujours souriant. Tu ressemblais à un personnage de film dans ta manière de répéter : *On va trouver un terrain d'entente.* Moi, je préférais : C'est comme ça et pas autrement. Mais ta méthode fonctionnait mieux.

– Attends, Marcus, tu as dit, il faut quand même qu'on sache si c'est de l'argent sale.

– J'aime pas qu'on me fasse la morale, a répondu un Marcus de mauvaise humeur.

– On ne parle pas de ça… Tu le sais très bien.

Tu avais aussi pris une sorte de voix peinée-blasée-mature qui faisait des merveilles dans les conversations avec les Pèlerins. Je crois que tu ressentais un peu la même chose que moi vis-à-vis de Cam : l'impression de grandir en parlant enfin avec des gens de notre âge et plus uniquement à des enfants.

– On vous a dit depuis le début, Anna et moi, que les Winstoniens ne jugeraient pas vos activités – mais uniquement à condition qu'elles ne nous menacent pas. C'est quand même pas trop demander, si ?

Marcus a de nouveau haussé les épaules mais il s'était détendu.

– Donc dis-nous, j'ai repris, est-ce qu'il y a quelque chose qu'on devrait savoir ?

– Les billets, c'est parce que Eduardo pique des portefeuilles de temps en temps. Il est franchement doué.

J'ai repensé aux tours de magie du nouveau et, tout à coup, son habileté m'a paru un peu moins merveilleuse.

– C'est juste ça ? j'ai insisté. Un vol ici ou là ? C'est pas...

– Quoi ?

– C'est pas de l'argent que rapportent Dave et Mishka ?

– De quoi tu as peur ? a demandé Marcus en me regardant droit dans les yeux.

J'ai pas osé lui dire mais je savais de quoi. J'avais peur que ce soit une histoire de drogue. Et ni les sourires de Marcus ni l'ironie de Cameron ne pouvaient me convaincre que j'étais parano. J'avais peur et j'attendais qu'on me prouve que j'avais tort si c'était possible.

Elijah

Seul au milieu du réfectoire, grelottant sous ma parka, je soufflais dans mon nouveau jouet et en sortais de petits nuages de buée. Cet harmonica était bien mieux que l'ancien. Tu m'avais tout de suite reproché de sombrer dans la consommation frénétique et pour me sentir mieux, ou pour que tu ne me lances pas tes regards glaçants chaque fois que je tirais quelques notes, j'avais trouvé pour toi un appareil photo bon marché mais correct. Tu avais pesté un peu – tu pestais toujours un peu – mais dès que tu avais collé ton œil contre le viseur, tu avais eu de nouveau huit ans. On pouvait se permettre ce genre de cadeaux parce que, suite à notre dernière discussion, les Pèlerins avaient mis sur la table l'argent tiré de leurs activités légales et illégales. On avait découvert qu'ils nous en cachaient pas mal.

On s'embourgeoise, aimait grogner Luka qui ne crachait pourtant pas sur sa compensation mensuelle. C'est même lui qui avait validé le terme *compensation* parce que *salaire*, ça sonnait trop *entreprise*. Tout l'argent qui rentrait dans le lycée était compté puis réparti entre les différents pôles selon leurs besoins. Ça me rappelait les assemblées du Bureau des élèves au lycée, quand le club volley devait négocier pour se racheter un nouveau filet alors que le club ciné voulait un projecteur. Moi, je n'avais rien contre cette version plus organisée et lucrative de notre communauté. Je tenais juste à garder le contrôle sur les ateliers, qui passaient souvent à la trappe dans les discussions tellement les réparations et la nourriture semblaient toujours plus urgentes. Mais, dans l'ensemble, je trouvais que tout allait bien, jusqu'ici.

– Ça te ramollit le cerveau d'être amoureux…

Je commençais à regretter d'avoir choisi Luka comme confident. Affublé de son fidèle peignoir, il s'est assis à sa place autour de la grande table qui, entre deux repas, accueillait nos assemblées générales hebdomadaires. Je lui ai aussitôt demandé de baisser d'un ton parce que les autres allaient arriver d'une minute à l'autre et personne ne devait savoir.

– Vous êtes les menteurs les moins discrets de la planète… Tout le monde est au courant, vieux.

– Au courant de quoi ?

Cam avait le don d'apparaître là où on ne l'attendait pas. J'imagine que c'était une qualité indispensable pour une hackeuse mais ça me faisait sursauter chaque fois.

– Anna et Elijah sortent ensemble, lui a annoncé Luka avant de recevoir mon poing dans les côtes.

– Le ciel est bleu et Steve Jobs est pété de thunes, elle a répondu sans lever les yeux de son fidèle ordinateur. T'en as d'autres des scoops ?

Ils partageaient un sens du sarcasme dont je faisais souvent les frais. Même qu'une rumeur courait comme quoi Luka et Cam s'échangeaient aussi de la salive. J'ai voulu les confronter mais Luka n'a pas daigné m'en dire plus.

– Un gentleman ne dévoile pas ses secrets.

À vrai dire, j'étais soulagé de ne plus être le seul en couple. Tu me l'avais bien fait comprendre : il était hors de question que l'on devienne le papa et la maman de la bande. Les plus petits avaient besoin de figures parentales et, si on avait aucun problème à incarner l'autorité quand il le fallait, il aurait été malsain d'entretenir l'illusion juste pour rassurer des gamins virtuellement orphelins. Comment réagiraient-ils si, du jour au lendemain, tu réalisais à quel point tu étais trop bien pour moi et mettais un terme à notre relation ?

– Le mal est fait à mon avis, a commenté Luka alors que je ne voulais pas de son avis.

– Bog m'a déjà demandé si vous allez vous marier, a plaisanté Cam – du moins j'espérais qu'elle plaisantait, on ne savait jamais avec elle.

– Qui va se marier ?

Marcus entrait dans chaque pièce comme si chaque pièce lui appartenait et dans chaque conversation comme s'il était là depuis le début. On prenait alors soin de ne pas parler pour ne rien dire et on réfléchissait bien pour que chaque phrase soit assez percutante pour le convaincre. Il suffisait d'un mot ou d'une blague déplacée pour qu'il retourne à des pensées bien plus urgentes et vous ignore pour le reste de l'après-midi. C'est la marque d'un leader. Jamais de grands discours. Le regard perçant de celui qui semble tout savoir et peut lire dans vos pensées. Il me rappelait toi, si tu avais mesuré deux mètres, eu des biceps aussi épais qu'un frisbee et su aussi bien que Marcus maîtriser le sourire ultra-bright qui désamorce toute tension. Le type se payait même le luxe de se balader en T-shirt, rien ne le faisait frémir. Je refusais de lui accorder trop facilement le rôle de messie et m'efforçais de ne pas laisser son charisme m'atteindre. Même quand il me demandait le sel, j'affichais un air sceptique. Lily et Dalila n'avaient pas les mêmes réserves et leur fou rire a disparu dès l'instant où elles se sont installées face à Marcus. Elles le regardaient avec admiration.

– Bien. Qu'on en finisse.

Il n'aimait pas nos réunions hebdomadaires, trouvait qu'elles duraient trop longtemps et qu'on s'éloignait trop souvent de l'ordre du jour. Je le surprenais régulièrement à taper du pied sous la table ou à compter les miettes de pain sur le carrelage. Tu étais convaincue qu'il s'agissait d'une posture.

– Il joue l'ennui pour enterrer les dossiers qui nous tiennent à cœur et se réveille juste à temps pour protéger ses intérêts. Fais gaffe.

C'était ton disque rayé, *fais gaffe*. Je ne pouvais pas m'empêcher d'y entendre une excuse pour garder un minimum de distance entre nous, pour ne pas aller trop vite. Luka avait raison, l'amour me rendait mou, je mélangeais tout.

– On n'attend pas Anna ? a demandé Dalila.

Tout le monde s'est tourné vers moi. Luka a eu l'air content que je réalise à quel point notre secret n'en était pas un. Je me suis demandé pourquoi on prenait tant de peine pour se cacher, toi et moi, alors que de toute manière, on était devenus aussi inséparables dans les esprits que Batman et Robin – et tu aurais tenu à préciser que tu étais Batman.

– Me regardez pas comme ça, j'ai bégayé, plus agité que je ne l'aurais souhaité. Elle me tient pas au courant de tout ce qu'elle fait !

– Elle est où ?

– Sortie faire un tour.

Dalila a paru au bord de la crise cardiaque. C'était la

première fois depuis Noël que tu quittais le Winston High. Tes conversations avec Cameron qui, elle, le faisait tous les jours semblaient t'avoir convaincue que ce n'était pas si dangereux. Et surtout, tu m'avais dit avant de te barrer ce jour-là que tu ne supportais plus les Pèlerins, que tu te pensais incapable d'adresser la parole à l'un d'entre eux tout de suite. Tu avais dit que tu allais exploser. Et d'ailleurs, tu avais l'air sur le point d'exploser. Craignant trop l'arrivée imminente de *notre première dispute*, je n'avais pas osé te demander de rester. Tu n'aurais pas supporté de me savoir aussi possessif, aussi inquiet. Je l'avais joué serein et avais gardé pour moi ce nœud au ventre. Quand on est amoureux, on croit que c'est le cœur qui va prendre mais en fait, c'est l'estomac.

Anna

Les machines tournaient et je les regardais. J'étais sortie faire un tour et je me retrouvais à bloquer sur la vitrine d'une laverie, à deux rues du Winston. C'était con. J'avais pas eu le courage d'aller plus loin. Je voulais juste être un peu tranquille. J'aurais dû rentrer. Il devait être l'heure de la réunion. Mais ça me faisait du bien de rester là, la tête vide, les yeux plongés dans les mouvements des tambours. Au Winston High, je pensais à trop de choses à la fois.

Tous les sentiments se mélangeaient. D'un côté, il y avait les tensions nouvelles, l'angoisse, le froid glacial et les habituelles corvées. De l'autre, il y avait toi. Et toi aussi tu étais le point de rencontre de sentiments différents, opposés, intenses. Une vraie tempête de poche.

Depuis la nuit passée dans Fort Édredon pendant la maladie de Bog, j'étais allée te retrouver plusieurs fois dans la bibliothèque. On avait jamais rien fait d'autre que se caresser un peu. J'aimais l'odeur qui montait de ta peau quand tu dormais. Tu fermais les yeux et l'odeur changeait pour devenir celle du sommeil. Jamais on se serait pris la main ou souri un peu trop longtemps en public mais en cachette, on volait des petits bouts de nuit. Je crois que les plus grands s'en doutaient mais je me foutais de ce qu'ils pensaient. C'étaient surtout les petits qui m'inquiétaient. La surprise et la terreur de Bart quand il nous avait découverts ne poussaient pas à rendre public notre…

Notre quoi ?

– Est-ce qu'on est un couple ? tu avais demandé quelques jours plus tôt avec le sérieux d'un scientifique étudiant une particule inconnue.

– Je sais pas, j'avais répondu en rougissant un peu.

– Tu as déjà été en couple ? tu avais demandé quelques heures plus tard lorsqu'on s'était retrouvés dans l'auditorium sous prétexte de préparer l'atelier du lendemain.

C'était une excellente question.

Au collège et au lycée, j'avais eu des petites histoires. J'avais embrassé. J'avais tenu la main de. J'avais écrit des lettres à. J'étais allée au cinéma avec. J'avais même acheté un cadeau de Saint-Valentin pour. Toutes ces choses qui faisaient qu'au collège, puis au lycée, on avait pu dire que je *sortais* avec Untel ou Untel. Mais ça n'avait rien à voir avec ce qui se passait entre toi et moi.

On tremblait quand on se frôlait, comme tous les adolescents, et pourtant, on vivait ensemble. Comme les adultes.

Sacré bordel. Qui méritait bien quelques secondes de répit dans le doux ronronnement des machines à laver.

Elijah

– Je déclare ouverte l'assemblée générale du mercredi 18 février 2009, a commencé Lily, modératrice de nos débats. Retard : Anna. Absent : Dean.

– Qu'est-ce qu'il fait, Dean ?

– Il est sur le toit avec Oli, a expliqué Lily qui, je ne le réalisais que maintenant, devait subir depuis la naissance le fait d'être indissociable de son frangin.

Ça me faisait plaisir qu'Oliver se rapproche de Dean. Depuis l'arrestation de Shark, et encore plus depuis la fin des matchs de basket, il passait beaucoup de temps dans sa chambre. Les rares fois où il sortait, s'il avait le malheur de tomber sur Dave ou sur Mishka, ça se terminait toujours par des échanges d'insultes. Ils avaient réussi à ne pas se battre de nouveau mais ça tenait du miracle. Les deux Pèlerins étaient incapables de faire profil bas en sa présence. Ils s'amusaient à passer leur langue sur leurs dents pour lui rappeler celle qui lui manquait. Ils étaient intenables. Comme chaque semaine, c'était à l'ordre du jour.

– D'abord, un rapide tour de table des différents pôles, a rappelé Lily tandis que Dalila enlevait ses moufles pour prendre des notes. Pôle éducation ?

Le pôle éducation, c'était moi. Je n'avais pas de grandes nouvelles à apporter. Les ateliers continuaient tant bien que mal mais l'absentéisme grandissait. Les jeux de cartes des Pèlerins et les moyens d'obtenir des piécettes de la part de Marcus obnubilaient plus les petits que l'expression artistique ou le cours de cuisine de Luka.

– Pour le spectacle, ça n'avance pas, a reconnu Dalila.

Marcus a eu un rictus moqueur :

– Quel dommage.

Elle a commencé à se frotter le nez d'un air triste.

– Vous avez quel âge ? lui a demandé plus gentiment le chef des Pèlerins. Vous devriez sortir bosser avec nous. C'est pas les petits rats de l'Opéra qui vous feront manger ou paieront les réparations.

Heureusement que tu étais sortie faire un tour. Tu ne supportais plus ces scènes. Chaque fois le même scénario : Marcus ridiculisait notre projet, je jouais les diplomates en expliquant que l'argent des combines servait à pérenniser l'existence des ateliers, essentiels pour ne pas que les petits se retrouvent condamnés à devoir vivre de combines toute leur existence. Marcus finissait par asséner que son système fonctionnait et que j'allais bien finir par m'en rendre compte, je lui rétorquais que j'en étais convaincu mais que plusieurs systèmes pouvaient cohabiter et Lily changeait habilement de sujet.

– En parlant de manger, comment se porte l'intendance ?

– Mieux que jamais, a annoncé Luka d'un ton neutre. Les réserves sont pleines et, même si je suis pas sûr d'apprécier toutes les initiatives d'Eduardo, les menus sont variés.

Il avait fallu un certain temps avant que Luka accepte d'être secondé. Face à la surcharge de travail due à l'appétit des Pèlerins et à des ressources plus importantes, il avait dû renoncer à son indépendance en cuisine et son entente avec Eduardo était devenue… cordiale ? Disons que le volume des injures venant des fourneaux avait gentiment diminué.

– Si vous le voulez bien, parlons finances maintenant.

Lily a ouvert le dossier où elle consignait soigneusement chaque entrée et sortie d'argent. Elle essayait en tout cas, tant les petits trafics se multipliaient à l'extérieur.

– D'après mes calculs, notre capital est à ce jour de 653 dollars et 50 cents. Comme Dave et Mishka ne m'ont pas encore déclaré leurs revenus de la semaine, on peut arrondir à 700. Je serai donc en mesure de distribuer les compensations à la date prévue. 20 chacun. Il restera alors 250 dollars. Marcus, de combien on a besoin pour les nouvelles serrures ?

– Un Benjamin Franklin devrait faire l'affaire, a répondu notre bricoleur qui connaissait par cœur les présidents imprimés sur nos billets.

– Si on ajoute à ça les dépenses en nourriture et consommations diverses, on devrait quand même se retrouver largement au-dessus de zéro.

L'estimation de Lily faisait plaisir à entendre, surtout quand on savait à quel point il avait été difficile de se retrouver dans une situation si confortable. Pourtant, Marcus a fait la moue. Selon lui, on pouvait faire encore mieux. Redoubler d'efforts pour ne plus simplement retomber sur nos pattes mais doubler la mise. J'ai regardé la pendule, espérant te voir débarquer d'une minute à l'autre pour le remettre à sa place. Je commençais sérieusement à me demander ce que tu foutais.

Anna

Sur le chemin du retour, j'ai vu un bâtiment tout neuf devant lequel les gens faisaient la queue. Je me suis approchée. C'était un truc médical d'un blanc éclatant qui avait poussé pendant qu'on était tranquillement installés dans le Winston High. Une branche d'un laboratoire suisse qui proposait aux gens de donner leur sang ou leur plasma en échange de quelques dollars. Sans rire, ils appelaient vraiment ça comme ça : un *don rémunéré*, c'était écrit sur une affiche. J'imagine que déclarer direct « nous achetons le corps des pauvres », ça aurait été mauvais pour leur image marketing. Mais c'était exactement ça que je voyais : un labo avait convaincu une partie des habitants de ma ville qu'ils étaient des étagères de produits dans lesquelles se servir – on va vous prendre ça et ça, merci. Et vu qu'il n'y avait plus de boulot, ça devait être la dernière chance pour beaucoup de se faire trente dollars, peut-être même qu'ils trouvaient ça bien. Devant le centre de *dons rémunérés* – cette grosse blague –, il y avait la crème de la crème de la misère. En voyant ça, je me disais que je laisserais jamais Marcus emmener les petits dans une de ses balades. Je voulais qu'ils puissent croire encore qu'il y a des crasses que les humains ne commettent pas. Il y avait des types tout maigres qui se grattaient et qui grinçaient des dents. Il y avait des nanas en vêtements si délavés que ça pouvait pas être un style. Il y avait des vieux qui essayaient probablement de compléter une retraite pourrie. Et puis il y avait des dealers. Eux, je pouvais les reconnaître du premier coup d'œil, avec leur posture tranquille de mecs qui espèrent rien mais qui proposent. Je me suis demandé ce qu'ils foutaient là et puis j'ai compris. Ils savaient que leurs clients sortaient de ce bâtiment tout blanc avec du cash. Pour s'assurer qu'ils le dépenseraient pas auprès de quelqu'un d'autre, ils s'installaient directement sur le parking du labo.

Au bout de quelques minutes, j'arrivais à distinguer les mouvements discrets, les échanges au creux des mains. Ça m'a dégoûtée, j'ai recommencé à marcher. J'étais vraiment en retard maintenant. Je me pressais tellement que j'ai failli tourner au coin de la rue avant même de les avoir remarqués. Ils étaient là pourtant, de l'autre côté de la voie, sur le parking. Ils étaient au milieu des autres et ils faisaient les mêmes gestes pour attirer des clients. Ils avaient leur sale tête de chiens de la casse.

Elijah

– Arrête de t'agiter comme ça, elle devrait plus tarder.

Luka avait raison. Il fallait que je me calme. Je n'arrivais même plus à suivre les discussions. J'ai raccroché les wagons au moment où Cam exposait son rapport d'informations. Grâce à sa connaissance des recoins les plus alternatifs du web, elle gardait en permanence un œil sur ce qui se passait en dehors de nos murs. Avec l'aide de Luka, elle avait ainsi pu établir une liste de lieux en friche potentiellement habitables et de communautés qui vivaient une aventure similaire à la nôtre dans d'autres villes.

– Ça bouge à Detroit, ça s'organise à Dayton, un vrai mouvement est en marche, expliquait Cam avec une excitation non contenue. Et je vous parle même pas du reste du monde. Des banques sont vandalisées en Écosse. Les gens descendent dans la rue en Grèce, en Lettonie, même en Islande ! Les amis, si on tient bon, je peux déjà vous dire qu'on fera partie d'un mouvement qui nous dépasse.

– Pour l'instant, on est à Cleveland et on va y rester.

Même en ponctuant sa phrase de son fameux sourire, Marcus n'avait pas réussi à amadouer Cam. Elle n'aimait pas voir sa conscience politique reléguée au rang de lubie.

– Quand on marchera sur Wall Street, il sera trop tard pour choisir ton camp, Marcus.

Compagnons d'infortune depuis longtemps, ces deux-là ne se ménageaient pas et il a fallu que Lily s'interpose timidement pour calmer le jeu.

– On garde ça pour une autre assemblée ? Cameron, parle-nous plutôt de ton autre projet.

Quand elle n'était pas occupée à veiller sur l'état du monde ou à tenir compagnie à Luka, notre informaticienne maison passait ses nuits à obtenir les logiciels nécessaires pour capter les fréquences policières du quartier. Aussi ardue qu'illégale, son infiltration informatique nous permettrait, en cas de succès, de pouvoir aller et venir sans avoir à se soucier de potentielles patrouilles. On prenait un gros risque dans l'espoir d'en prendre le moins possible.

– Ça, au moins, c'est concret, a applaudi Marcus. Tu devrais te concentrer là-dessus.

Cam allait répliquer mais Luka a réussi à la convaincre qu'un regard assassin était suffisant. En tout cas, ce qu'elle venait de nous apprendre sur l'Europe avait retenu mon attention. Je lisais le *News Herald* dès que je pouvais mais ils avaient tendance à se focaliser sur la nouvelle administration Obama, la défaite des Cardinals au Superbowl et les dernières frasques de Justin Bieber. Je me suis promis d'être vigilant, de côtoyer autant que possible Cam et Luka et, pourquoi pas, d'orienter mes ateliers vers des questions citoyennes. Plus le temps passait, plus je savais que le Winston High ne serait pas éternel, qu'il fallait réfléchir à la suite. Notre situation économique avantageuse permettait de moins nous soucier de nos nombrils et de préparer un futur, ici ou ailleurs.

– Quelqu'un a quelque chose à ajouter ?

Le silence a suivi la question de Lily jusqu'à ce que je me risque à rouvrir un dossier sensible.

– Je sais qu'Anna est en retard mais elle aurait sûrement aimé… et j'aimerais aussi… il faudrait qu'on discute de…

– L'affaire est réglée, m'a coupé Marcus qui savait sur quel terrain glissant je m'avançais. On va pas refaire le procès de Dave et Mishka à chaque fois!

Tu aurais moins bafouillé et tu n'aurais rien cédé à Marcus. Les manches retroussées sur ses tatouages, il refusait d'avouer son incapacité à contrôler les deux membres récalcitrants de son groupe. Heureusement, Dalila, plutôt silencieuse jusque-là, est venue à mon secours.

– Désolée, Marcus, mais je suis pas d'accord. Il paraît que… J'ai entendu dire qu'ils avaient fait entrer de la drogue dans le lycée.

Elle a jeté un regard en coin à Lily.

– Des rumeurs, rien de plus, a rétorqué le leader des Pèlerins. Elijah et Anna ensemble, c'est un fait. Dave et Mishka drogués, c'est de la diffamation.

– Qu'ils fument, ça nous regarde pas, a tenté Luka. Chacun fait ce qu'il veut ici. Mais qu'ils entraînent les autres dans leurs conneries, c'est pas possible…

Marcus s'est levé et, quand un gars de cette carrure se lève, tout le monde craint le pire.

– Je les connais depuis longtemps, il a confié sur un ton plus apaisé. Et c'est sous contrôle. Je vous le promets.

Alors que la tension redescendait et que Lily s'apprêtait à

clore l'assemblée, ma silhouette préférée a fait irruption dans la pièce.

Anna

Croiser ton regard, ça me donnait toujours l'impression d'avoir raté une marche. Cette fois-là, ça n'a pas manqué. Quand j'ai passé la porte, j'ai vu tes yeux se lever vers moi sous le bordel de boucles de tes cheveux et j'ai presque oublié l'appareil photo que je tenais serré.

– Tu tombes bien, a lancé Marcus. On a fini.

– Je crois pas, non, j'ai grommelé.

Tes yeux sont devenus couleur tempête. Ils posaient des tas de questions mais je pouvais pas y répondre. Marcus faisait mine de s'éloigner comme s'il m'avait pas entendue.

– Dave et Mishka…, j'ai commencé.

– J'en ai marre de vos conneries de gamins !

Marcus a presque hurlé. Les autres sont devenus très pâles. Même Cam a perdu son petit sourire habituel.

– Chaque fois, c'est la même chose ! Dave et Mishka ceci, Dave et Mishka cela ! Vous me faites chier !

Tu as tenté de m'expliquer que le sujet venait d'être abordé, qu'il y avait eu une discussion très enrichissante, et je sais pas quoi sur la diffamation.

J'ai poussé mon appareil photo dans la direction de Marcus.

– On zoome avec les flèches à droite de l'écran, j'ai précisé.

J'avais jamais eu l'occasion de m'entraîner à photographier

comme j'aurais voulu. Et clairement, ce que je lui montrais était loin du niveau requis pour être publié dans le *National Geographic*, mais si le cadrage était pourri, au moins les images étaient nettes. On voyait même des sachets plastique dépasser de la poche de Mishka.

– Je veux qu'ils dégagent d'ici tous les deux, j'ai dit fermement.

Marcus a continué à scruter les photos sans dire un mot puis il s'est décidé à me regarder. Une seconde, j'ai cru qu'il allait lancer l'appareil à travers la pièce et me dire d'oublier toute l'affaire. Mais il a soupiré et il a dit :

– OK, OK... Attends... Je comprends ton point de vue mais...

Il tendait les deux mains en avant, comme un type qui se rend à la police dans les séries et j'allais lui dire de pas me prendre pour une conne quand j'ai remarqué qu'il avait une drôle de tête. Désemparée. Triste. Pas du tout la tête du type dont les complices viennent de se faire choper ou du caïd qui protège ses potes quoi qu'il arrive. Les photos lui foutaient un coup.

– Tu savais vraiment pas ? j'ai demandé.

– Ils avaient promis de se tenir à carreau.

C'est Cam qui a répondu à sa place.

– Ils savent très bien que la législation de ce pays débile fait que tu peux prendre vingt ou trente ans pour avoir vendu une seule dose de cette merde. C'est comme ça qu'on remplit les prisons en Amérique.

On était pas là pour analyser la politique carcérale des États-Unis. J'ai reposé ma question à Marcus.

– Anna, il m'a dit presque gentiment, je sais que t'aimes pas tout ce que font les Pèlerins. C'est normal. Mais de là à imaginer que je suis pour qu'on vende du poison à des pauvres mecs que le système fait déjà crever ? Ou même que je prendrais le risque de voir deux types de ma bande finir leur vie derrière les barreaux juste pour quelques billets de plus ?

Il a secoué la tête.

– Non, non. Pas le style de la maison. J'étais comme Cam : je croyais que c'était une bêtise qu'ils avaient faite une fois quand on était à Chigaco, qu'ils avaient compris.

Il a eu un sourire qui était le fantôme de son sourire habituel.

– Comme quoi, je suis naïf, finalement.

Il y a eu un moment de silence dans le réfectoire. On entendait que le cliquetis des touches de l'appareil que Dalila actionnait pour regarder encore et encore les photos avec une fascination dégoûtée.

– On les vire, alors ? j'ai demandé.

Marcus a haussé les épaules :

– Ça va pas être si facile. Ils vont nous poser des problèmes.

Elijah

Il y a eu un vote parce qu'on terminait toujours par un vote. En général, il s'agissait de valider le budget ou le menu de la cantine. On n'avait pas prévu d'en arriver à une exclusion définitive mais au vu des preuves que tu apportais et de l'aveu d'impuissance de Marcus, ça semblait la seule solution. N'empêche, en levant la main, j'ai eu mal au ventre. Ça me rappelait le cas Trevor Olson. Une brute de mon collège qui, malgré de nombreux avertissements, s'obstinait à terroriser la cour de récré et à se foutre des conséquences. Comme j'étais délégué de ma classe, j'étais présent au conseil de discipline où il avait été décidé de renvoyer le petit Olson pour de bon. Depuis le temps que j'attendais ça, je me réjouissais d'avance alors que le proviseur énumérait la liste des méfaits et rendait son verdict. Finalement, le sort de Trevor m'avait rendu un peu triste. Je méprisais ce gars-là mais l'aspect irrévocable de la sentence m'avait fait froid dans le dos. Est-ce qu'il ne méritait pas une nouvelle chance ? Le mettre dehors risquait d'aggraver son comportement, de le rendre d'autant plus méfiant envers l'autorité et toute forme de justice. Qu'allait-il advenir de Dave et Mishka une fois livrés à eux-mêmes ? Avec un peu de patience, le Winston High aurait pu les aider plutôt que de s'en débarrasser.

– Je t'aime bien Elijah mais parfois, tu racontes vraiment n'importe quoi.

Tu avais les joues rouges comme quand on s'embrassait sauf que là, c'était parce que tu étais sur les nerfs. Tu avais vu l'addiction ravager ton quartier et détruire une poignée de tes camarades. Tu ne plaisantais pas avec ça et il n'était plus question que tu perdes ton temps en nuances. Mon idéalisme allait devoir se mettre en veilleuse, au moins jusqu'à ce que la crise soit derrière nous. Je me suis donc contenté d'approuver le plan d'attaque que tu élaborais avec Marcus. Vous voir enfin collaborer constituait en soi une petite victoire.

– Dès qu'ils rentreront, a résumé Marcus d'un ton grave, je leur ferai part de notre décision. Leurs affaires seront déjà réunies et, même s'il faut en venir aux mains, je leur ferai bien comprendre de jamais remettre les pieds ici. On leur donnera leur compensation mensuelle, de quoi payer une nuit d'hôtel ou un train pour les emmener loin de Cleveland. Demain, comme prévu, je changerai les serrures.

Personne n'a rien trouvé à redire. Seul Marcus était capable de tenir tête à Dave et Mishka. Il nous a rappelé une nouvelle fois qu'il y aurait sûrement des conséquences et a quitté le réfectoire d'un pas rapide. Il n'y a pas eu les échanges de ragots et de blagues qui concluaient habituellement nos réunions. Chacun mesurait la gravité de la situation. Je me suis alors souvenu que j'animais un atelier de lecture, l'occasion de quitter cette ambiance étouffante. Les petits m'attendaient dans le brouhaha le plus total. Geena faisait des bulles de chewing-gum, Chris et Bog se chamaillaient au sujet d'une carte Pokémon, Bart arbitrait, Zhou écrivait son prénom sur les murs du couloir. Les retrouver m'a fait un bien fou.

À vingt heures, alors que la plupart des résidents avaient déjà englouti le riz collant préparé par Eduardo et Luka, on n'avait toujours pas de nouvelles de Dave et Mishka. Marcus faisait les cent pas dans le hall et tu avais rouvert le débat en compagnie de Cam. Je suis allé m'asseoir près d'Oli. Il n'avait pas touché à son assiette mais semblait de meilleure humeur. Suffisamment pour me regarder dans les yeux et répondre à mes questions.

– T'en as marre de bouffer du riz ?

– J'ai plus très faim. Dean et moi, on s'est gavés sur le toit.

Il m'a raconté qu'ils s'étaient raconté *Fast and Furious* en détail et donc il m'a raconté le film à moi aussi, même si je n'avais jamais été fan de Vin Diesel. Oli l'adorait et même si tu ne forçais plus personne à se raser la tête, il m'a appris que si lui continuait à le faire ce n'était pas par peur des poux mais en hommage à son héros.

– T'as entendu la nouvelle ? je lui ai demandé.

Je savais à quel point les infos circulaient vite, particulièrement à l'heure des repas.

– J'ai entendu, il m'a répondu en esquissant un sourire édenté. Bon débarras.

– On a parlé avec Marcus, par contre. Et il dit que sans eux, il va avoir besoin d'aide pour les réparations dans le lycée, changer les serrures. Ça te dérangerait de lui filer un coup de main ?

– Non, tant que je suis pas son esclave.

– Évite d'utiliser ce mot devant lui et ça devrait aller.

– Ouais, je sais, faut que je fasse gaffe à ce que je dis.

Je me suis rappelé le gamin qui m'avait assommé lors de ma première visite et régulièrement humilié. Il avait clairement changé. C'était un Oli plus humble que je découvrais et je me suis dit que tout le monde méritait une deuxième chance. Après tout, Trevor Olson ne s'en était pas trop mal sorti. D'après Joey, il travaillait désormais à la caisse d'un Burger King et avait été élu employé du mois deux fois.

– Tout le monde est au courant ?

Je pensais que tu allais me reprocher de ne pas avoir été assez discret. Je m'attendais à tout sauf à t'entendre rire. Après avoir vu Marcus en venir aux mains avec Dave et Mishka, nos petites cachotteries semblaient parfaitement dérisoires.

– Le pire, c'est que tout le monde s'en fout.

Ton fou rire a doublé de volume et j'ai posé une main sur tes lèvres pour le contenir avant de me souvenir que ça ne servait plus à rien. Plus besoin de nous retrouver en cachette dans la bibliothèque ou de regarder tout autour de nous avant de nous embrasser.

– Va pas croire qu'on va se donner en spectacle, tu m'as mis en garde en reprenant aussitôt ton sérieux. Y a rien de pire que les couples qui s'enlacent en public.

Je t'ai enlacée.

– Donc… on est un couple ?

– J'ai pas dit ça.

– Moi je le dis.

– Embrasse-moi, ça t'empêchera de raconter des conneries.

Je t'ai embrassée.

Fort de ce que lui avaient appris les chansons, Dean m'avait dit tu verras, au bout d'un moment, c'est plus pareil et peut-être que c'était plus pareil que ce premier baiser sous la neige mais c'était toujours aussi bien, mon cœur battait toujours aussi fort chaque fois que tu venais me rejoindre, qu'on s'allongeait sur mon matelas derrière l'étagère et que seule une petite veilleuse éclairait nos visages. Quand on arrivait à se détacher, que nos mains s'étaient suffisamment baladées, on se mettait à parler. Il y avait tout à raconter, nos biographies complètes, même nos rêves on se les rejouait. La seule chose interdite, c'était ce qu'on pouvait ressentir là, maintenant. C'était dur de mettre des mots dessus et chaque fois que j'essayais, ma voix tremblait, ton regard fuyait et on sentait comme un froid alors que nous, tout ce qu'on voulait, c'était se tenir chaud. Dans les films, ils te font croire qu'au bout d'un moment il faut dire je t'aime, que c'est une étape à respecter sinon c'est fini. Moi je faisais tout de travers parce que je t'aimais depuis le début. Alors je t'ai embrassée et même que tu avais juste un T-shirt et que c'est quand même vachement plus agréable ta peau, tes hanches et ton odeur. J'étais à deux doigts d'enlever le mien de T-shirt quand tu t'es adossée contre l'étagère, la tête ailleurs. Une angoisse en chassait une autre et tu m'as confié que, malgré leur départ, Dave et Mishka t'inquiétaient plus que jamais.

– Il y a une partie de moi qui se dit bon débarras, l'autre qui a peur de la suite. Le Winston High est pas une forteresse. Plus on a de moyens, plus on a de choses à perdre.

Tu respirais vite et agitais les doigts comme un fumeur sans nicotine. Te dire que tout irait bien aurait sonné faux. Je n'en savais rien. M'inquiétais comme toi que tout s'écroule. Que la police nous réveille. Qu'on nous sépare.

– Notre seul pouvoir, c'est de faire au mieux avec le temps qui nous est imparti.

– C'est pas de toi, ça.

– Si.

– Non, c'est Gandalf.

– Je croyais que tu détestais *Le Seigneur des Anneaux*.

– Je déteste les copieurs.

Tu as voulu me cogner l'épaule mais j'ai réussi à plonger dans ton cou le premier et tu aimais tellement que je t'embrasse juste sous l'oreille que tu t'es laissé faire. Il était tard. Nos journées étaient réglées sur l'horloge, de l'heure du petit déjeuner à celle du dîner en passant par les ateliers et les corvées où chacun faisait au mieux pour ne pas être en retard. Quand tu étais dans mon lit, le temps n'avait plus d'emprise et, souvent, le matin nous surprenait avec sa lumière et ses oiseaux.

– Quoi qu'il arrive, on aura fait de notre mieux, j'ai murmuré sur ta joue. C'est peut-être pas grand-chose mais au moins c'est de moi.

– Je t'aime bien, toi.

C'était mieux que dans les films en fait. Je t'ai serrée fort. Tu as enlevé mon T-shirt. J'ai passé ma main sous le tien. Tu m'as demandé d'éteindre. J'ai éteint.

Anna

Même dans le noir, c'est bizarre un garçon tout nu.

Tu étais tout maigre. Je devinais ton squelette et pouvais compter tes côtes. J'avais peur de t'écraser mais j'aimais bien être moi dessus et toi dessous. C'était pas la position qu'on voyait le plus dans les pornos.

Oui, j'avais déjà vu des pornos. Enfin vu non mais aperçu sur les chaînes payantes que mon père s'embêtait même pas à protéger par un mot de passe. Ça m'avait rien fait de spécial. Juste confirmé que le plaisir semblait réservé aux mecs. Ceux du quartier parlaient toujours de cul comme si c'était la meilleure chose, comme si on était là juste pour les aider à y arriver.

Avec toi, ça m'a semblé naturel de prendre les devants. De déboutonner ta ceinture alors que depuis deux mois, depuis le cimetière, on s'était interdit d'explorer ce qui se passait sous nos nombrils. On avait peur.

Après cette journée de merde, j'ai voulu tout oublier. On verra jamais ça dans un porno mais coucher ensemble, c'est faire disparaître le monde.

Elijah

Dans les cours d'éducation sexuelle, on ne m'avait pas prévenu qu'il y aurait autant de sueur. Normalement la sueur, je suis contre mais la tienne, elle sentait bon.

Et comme aucune leçon ne m'avait enseigné la chorégraphie adéquate, j'ai improvisé. Ou plutôt, j'ai suivi tes mouvements. Je m'étais souvent imaginé à quoi ça allait ressembler mais je ne m'étais jamais imaginé être sur le dos. C'était tellement confortable que je suis resté immobile un moment avant que tu me fasses comprendre que ce serait mieux si je participais un peu. Tu me l'as fait comprendre en plaçant ma main sur l'une de tes hanches. J'ai placé mes deux mains sur tes deux hanches.

Anna

Avant que tu les touches, j'avais pas trop compris l'intérêt d'avoir des seins. Enfin si, je comprenais à quoi ça servait biologiquement mais comme avoir des enfants était pas à mon programme, ça semblait être un vieux reste de l'époque où on était des animaux. Les miens ont commencé à pousser quand j'avais treize ans environ. Ma mère les trouvait pas assez gros pour que je mérite un soutien-gorge. Au début, pour pas que les filles du collège se moquent trop, j'avais emprunté les siens. Mais depuis que je vivais au Winston High, j'avais plus le temps pour ces conneries. Bon, pendant la canicule au mois d'août, j'avais bien vu Dean ou Oliver faire une fixette sur mes nichons mais je les considérais toujours comme deux obstacles sur le chemin de mes bras, surtout quand on bossait sur le toit ou que je devais courir après les jumeaux. Pourtant, il a suffi que j'ôte mon T-shirt et que tes doigts viennent les caresser pour que les choses commencent à avoir du sens. J'aurais dû y penser toute seule. C'était bien mais je suis sûre que ça aurait pu être mieux si je me connaissais déjà.

Elijah

Ta peau, je l'ai touchée de ma peau et des deux côtés de ma main, la paume dans tes creux, le revers sur tes épaules.

Quand tu as enlevé mon pantalon, je me suis dépêché d'enlever mes chaussettes pour ne pas avoir trop l'air ridicule. Soudain, j'ai eu peur de ne pas être à la hauteur. J'ai essayé de me souvenir des conseils du copain Joey qui, même si je le soupçonnais d'inventer, racontait en boucle la fois où il avait couché avec une dernière année et puis finalement, je me suis dit que j'avais pas du tout envie de penser au copain Joey. C'était pas le bon moment pour être coincé dans ma tête. Je voulais mettre en veille l'avant et l'après pour juste être là, maintenant. Tes cheveux avaient repoussé et, quand tu as embrassé mon ventre, des mèches sont venues me chatouiller le torse et je me suis retenu de ne pas rire mais tu as ri la première, un petit rire nerveux et j'ai réalisé que c'était aussi ça être là. Qu'il ne fallait pas oublier de respirer et d'écouter l'autre respirer.

Anna

– Elijah…

Je te sentais contre moi.

– Attends…

– Ça va pas ?

– Si. Mais…

Le mot sortait pas. On devrait pas avoir besoin de parler dans des moments comme ça. Mais parfois pas le choix. Si on veut éviter les malentendus, si on veut être sûrs de pas trop être à côté de la plaque, il faut dire les choses.

– Est-ce que t'as… T'as pensé à…

– Euh ouais, bouge pas…

J'avais nulle part où aller. Tu as fouillé autour de *Guerre et Paix* qui te servait de table de chevet. Cameron m'avait prévenue : si t'as pas le réflexe, t'attends pas à ce que le garçon y pense. Ou peut-être qu'il y pensera mais fera semblant d'oublier.

Elijah

À force de vouloir ne penser à rien, on oublie les trucs importants. C'est pas faute d'avoir couru dans tous les sens depuis le début janvier à la recherche d'une capote, au cas où ce qui devait arriver arrivait. Luka avait bien voulu me dépanner, il en avait trouvé planquées au fond de la boîte à pharmacie.

La notice, je l'avais lue et relue et pourtant, j'ai galéré

à enfiler le bout de latex qui n'arrêtait pas de me glisser des doigts. Je t'ai entendue soupirer et j'ai eu peur que tu t'ennuies. J'étais à deux doigts de me dégonfler.

Anna

Tu m'as fait mal mais j'ai rien montré. Je voulais pas que tu t'arrêtes. Si tu t'étais arrêté, il aurait fallu refaire notre première fois alors que, tout ce que je voulais, c'était passer à la deuxième. C'est là où on a été bêtes. Il faut rien forcer. On aura pas une médaille pour avoir perdu nos virginités, ni toi pour avoir duré longtemps, ni moi pour avoir crié fort. Après quelques minutes, tu as préféré remettre ton caleçon, l'air un peu honteux.

– Désolé… C'est peut-être la fatigue…

– Gâche pas tout avec tes désolé. T'es pas tout seul. Et puis c'était bien comme ça.

– Oui, c'était bien.

Tu t'étais retourné. J'ai embrassé ton dos.

– Regarde-moi.

Tu m'as regardée. Tu étais beau. J'ai vu dans tes yeux que j'étais belle. J'ai vu le début de quelque chose. Quelque chose à inventer. Et ça m'a rassurée parce que ça, on savait faire.

Mars

Anna

Une ville en crise, c'est comme un corps malade. Un corps énorme, en souffrance. Winston High, c'était juste une croûte parmi des centaines d'autres sur ce corps qui craquait de partout. Une ville en crise, c'est bien plus que quelques familles fauchées qui abandonnent leur maison. Il y a un phénomène de cercle vicieux qui rend presque impossible la sortie de la catastrophe : les maisons sont saisies, donc leurs habitants partent, donc ils ne paient plus d'impôts locaux, donc la ville n'a plus d'argent, donc elle peut rien faire des quartiers abandonnés, donc ceux-ci deviennent craignos, donc d'autres gens se cassent, donc la ville touche encore moins d'argent, donc les quartiers abandonnés pourrissent encore plus, donc les gens ont peur, donc ils s'enfuient, etc. Dix mille maisons de Cleveland s'étaient retrouvées vides du jour au lendemain ou presque, après les saisies des banques. Ça, je l'avais vu avec toi dans le journal. Mais maintenant que je me baladais dehors, ça devenait réel, je voyais des panneaux à vendre tous les quinze mètres. Il y avait des prix annoncés, barrés, baissés, des prix *super-discount*, comme pour les cagettes de viande que mes parents rapportaient à la maison à la saison des barbecues.

– Pour 6 000 dollars, tu peux avoir une maison de cent mètres carrés, m'a dit Marcus. Avec les chambres à l'étage, le porche, tout ça. Et pas une des plus déglingues, hein. Une vraie maison.

Mais il y avait plus personne pour acheter les vraies maisons. Qui aurait voulu s'installer dans un quartier désert, entre deux baraques abandonnées possiblement transformées en laboratoire de crystal meth ? Il aurait fallu que la ville les rase ou les mure, ces milliers de maisons dont personne voulait. Mais la ville n'avait plus d'argent pour ça. La ville suppliait les banques qui possédaient les maisons de bien vouloir s'en charger mais les banques considéraient que c'était pas à elles de le faire. Les banques faisaient poser les panneaux à vendre et puis elles allaient s'occuper du cuivre, du blé, du lithium et des actions qui les intéressaient réellement…

Une ville en crise – j'ai découvert en mars 2009 –, c'est toute une chaîne humaine qui rouille. C'est, par exemple, des fonctionnaires que la ville ne peut plus payer, donc des services qui ne sont plus rendus à la population : permanence de mairie, cuisine des cantines, ramassage des déchets, cours du soir, élagage des arbres. Ça fonctionnait un peu, mal, par à-coups et parfois plus du tout. C'est ce qui avait attiré les Pèlerins jusqu'ici, comme Cam me l'avait finalement expliqué.

Une ville en crise, ça veut aussi dire moins de flics. Et ceux qui restent font des heures sup en étant sous-payés. Alors évidemment, ils font pas longtemps des heures sup. Une ville en crise, ça veut dire que certains quartiers deviennent des zones de non-droit, des zones de non-vie, comme dans ces films d'horreur avec sur l'affiche *personne ne vous entendra crier*. Rapidement, les patrouilles disent au maire qu'elles veulent plus s'y aventurer sans renforts d'hommes et d'équipement, mais une ville en crise peut pas se permettre ces dépenses-là. Marcus et Cam s'étaient renseignés avant de venir chez nous : il n'y avait plus une seule voiture de flics assez courageuse pour remonter Kimmel Road. Entre eux, sur les radios dont Cam pouvait capter la fréquence, ils appelaient l'endroit Ground Zero.

– Tu peux envoyer tes petits fugueurs faire la danse du ventre sous leur nez qu'ils seraient incapables de les reconnaître, avait dit Marcus. Tu peux arnaquer des commerçants, mendier, tu pourrais même briser toutes les fenêtres d'une rue – ils se déplacent plus. On vaut que dalle pour eux.

– Ils ont dû engager des jeunes sans expérience, Cam avait ajouté, parce que les vieux ont très mal supporté le gel des salaires. Les flics de la rue ont presque notre âge, t'as pas remarqué ?

Quel âge avait le policier qui avait arrêté Shark à Garfield Park ? J'en avais aucune idée. J'avais pas regardé son visage, juste son uniforme. Pour moi, il était forcément plus vieux, bien plus vieux. Mais depuis que Cam avait attiré mon attention sur ce détail, je repérais en effet des tronches presque adolescentes sous les képis.

– Les anciens ont préféré vendre leur savoir-faire à des boîtes de sécurité privées.

Si les flics avaient disparu des rues de Cleveland, les agents de sécurité, eux, avaient poussé comme des champignons. En polo noir, pantalon noir et chaussures de chantier, ils se tenaient plantés droit sur leurs jambes d'anciens sportifs devant les portails d'usine ou d'immeubles de bureau. Quand on avait peur du pillage et qu'on pouvait se payer leurs services, on faisait appel à Cleveland Safe, SecurityMax ou ProtectInDeed – plus personne faisait confiance à la police. Et, comme me l'avaient dit Marcus et Cam, le gros avantage de ces boîtes privées, c'était qu'elles s'occupaient seulement de la mission confiée par leurs clients : surveiller des bâtiments, que ce soit des usines ou des bureaux. Autrement dit, il y avait aucun risque qu'un de leurs agents décide soudain de s'occuper d'un gamin de dix ans qui se promenait sans être accompagné d'un adulte. Ils n'étaient pas dangereux pour nous, d'accord, mais malgré tout, je les sentais pas. C'étaient des mecs qui vendaient leurs muscles pour assurer aux riches que personne viendrait voler ou détruire les machines sur lesquelles des employés avaient usé leur vie sans jamais devenir riches, eux, alors que les riches l'étaient sans avoir jamais approché les machines. Et maintenant, ils réclamaient ce matériel qu'ils savaient même pas utiliser. Et les muscles serrés dans les polos noirs faisaient en sorte que tout leur revienne sans une égratignure.

– Mais tu es marxiste ou quoi ! s'était moquée Cam quand je lui avais dit à quel point les types en noir me dégoûtaient.

– Je peux pas être marxiste, j'avais répondu, je suis polonaise. Le communisme, c'est le diable.

J'exagérais à peine. Ma grand-mère se signait dès qu'on prononçait le nom de Staline devant elle, comme si elle avait eu peur que, soudain, il apparaisse dans un nuage de fumée, prêt à réenvahir la Pologne. Mais pour le moment, mon problème, c'était ni les tics de ma famille ni la moustache de Staline : c'était de savoir si, comme les Pèlerins, je pouvais moi aussi profiter de l'absence des policiers pour me déplacer librement dans la ville. Nos buts étaient différents : eux prenaient l'air par avidité et moi... Je savais pas bien pourquoi. Tout ce que je savais, c'est que des images de la maison surgissaient dans ma tête dès que je quittais le Winston High. Si quelqu'un m'avait raconté quelques mois plus tôt que l'endroit où j'avais grandi pourrait me manquer, je me serais foutue de sa gueule.

Un jour où il faisait beau, j'ai fait semblant de laisser mes pieds m'entraîner et je me suis retrouvée sur le chemin de la maison. Celle pour laquelle mon père s'était endetté parce qu'il voulait plus que tout être propriétaire. La maison que j'avais haïe, où j'avais souhaité ne plus jamais rentrer. Je voulais voir si elle aussi était barrée d'un panneau à vendre, si les vitres de ma chambre avaient été cassées par des jets de pierres. Bonnet vissé jusqu'aux sourcils, yeux rivés au sol, je me suis faufilée le long des rues familières. Mes précautions étaient inutiles : il y avait personne pour me voir. Ni sur Fleet Avenue. Ni sur Chambers. Encore moins sur Forman Avenue. Maisons vides aux ouvertures barrées de planches ou de parpaings, carrés de pelouse hirsutes. Pas de voitures garées le long des trottoirs défoncés, à part une épave en si mauvais état qu'elle avait pas dû démarrer au moment de l'expulsion. L'épicerie du père de Luka était fermée, et les parois vitrées de l'abribus devant la boutique avaient servi de défouloir : il y avait du verre pilé sur plusieurs mètres, mais c'était plutôt joli, comme un collier de perles géant qui se serait cassé et éparpillé. Il y avait un peu de vent, juste assez pour faire remuer des sacs en plastique, des cartons posés aux fenêtres, des branches d'arbre, juste assez pour me faire sursauter à chaque bruit chelou. En collant mon visage à la porte de l'épicerie, j'ai vu le vide à l'intérieur. Il restait quelques étagères. Je savais pas où étaient les vieux de Luka, peut-être avec sa sœur qui gagnait bien sa vie dans une ville de Californie, Sacramento ou San Diego, j'avais oublié. Quand j'ai vu les corps gris de trois gros rats qui traversaient la boutique, je me suis arrachée vite fait. De toute façon, m'arrêter devant l'épicerie, c'était juste un moyen de retarder mon arrivée à la maison. Elle était à deux cents mètres seulement. Je les ai parcourus au ralenti.

Rien n'avait changé, je me suis dit d'abord. La maison était toujours debout, enfin, façon de parler parce que cette baraque, elle m'avait toujours paru couchée, tellement elle était basse. Et elle était toujours dangereusement près de la route, avec juste la petite bande d'herbe, le grillage et le trottoir pour l'éloigner des bagnoles. Le vrai *jardin* – que ma mère a appelé pendant un moment *l'espace détente,* parce qu'elle avait entendu ça dans une émission de déco – était à l'arrière. C'était plutôt une cour, vu que le sol était cimenté et qu'il y poussait rien. C'est là, après avoir dressé des cloisons, que mon père avait essayé d'élever le chien de combat qui avait attaqué mon petit frère. Et c'est par là, en défonçant bien les restes des cloisons, que je suis passée pour entrer. La porte-fenêtre de derrière avait toujours été le point faible de la baraque. Il suffisait de la secouer pour que la serrure oublie de fermer quoi que ce soit. Donc, j'ai secoué et ça m'a étonnée de retrouver le bon geste si vite : j'avais l'impression de pas être rentrée ici depuis des siècles.

À l'intérieur, même s'il y avait plus de meubles ni rien, les pièces avaient l'air toutes petites. J'avais pris l'habitude des dimensions du Winston. Ça me paraissait dingue, tout à coup, qu'on ait pu tenir à cinq dans cet espace sans avoir l'impression de se marcher dessus. Et d'ailleurs, peut-être que si ça criait aussi souvent c'est parce qu'on se marchait dessus mais que personne voulait le dire, parce que ça aurait servi à rien vu qu'on n'avait pas les moyens d'emménager dans plus grand. Il y avait de grosses fissures sur les murs dans ce qui avait été le salon. Je ne savais plus si elles dataient d'avant mon départ ou si elles étaient apparues dès qu'on avait cessé de regarder. Des morceaux de fil et de tuyau dépassaient des murs. Impossible de savoir si c'étaient mes parents ou des visiteurs venus après leur départ qui avaient arraché les lampes et les lavabos. Même les prises avaient disparu.

J'ai machinalement marché jusqu'à ma chambre mais, une fois dedans j'ai rien ressenti de particulier, ça avait pas l'air de ma chambre. Les murs étaient toujours du bleu ciel que j'avais choisi au magasin de bricolage mais ils se couvraient de moisi et à part la couleur que je reconnaissais, on aurait dit les box de rangement que louait le gros Alex au bord de l'Interstate : un simple espace qui attendait d'être rempli ou de disparaître.

Mes parents, comme presque tous nos voisins, s'étaient ruinés pour devenir propriétaires parce qu'on leur disait que c'était ce qu'il fallait faire, que c'était ça l'Amérique : une joyeuse armée de *possesseurs* de maisons, de champs, de bagnoles, d'armes, tout ce que vous voulez… Mais dès que les humains disparaissaient, les maisons des pauvres retournaient à un état de matière presque première et vaguement dégueulasse : du placo, du papier, des agglos, des carrés de plexi et des morceaux de plastique. Habiter, c'était plus important que posséder, au bout du compte. C'est ça qui donnait du sens. Comme ce qu'on faisait au Winston. Mais ça, aucun des vieux ne l'avait compris.

J'ai continué mon tour en me forçant à me rappeler : ici, il s'est passé ça, et là, tel autre événement. Mais ça me faisait rien. Et que ça me fasse rien, par contre, ça commençait à me faire quelque chose. Si j'étais totalement déconnectée de mon passé, et vu que j'avais pas franchement de certitudes en ce qui concernait l'avenir, ça me laissait pas beaucoup de marge de manœuvre. Juste le présent pour exister, pour ressentir. Mais est-ce que c'est possible de vivre tout le temps au présent ? Et est-ce que c'était pas un signe de maladie mentale de pas être émue, rien du tout, par le retour à la maison ? Je me sentais vide. Depuis que j'étais partie d'ici, j'avais pas beaucoup partagé ce que je ressentais avec les autres. Et tout à coup, je commençais à m'inquiéter que ça puisse m'avoir bousillée : peut-être que je pouvais plus rien ressentir du tout. J'ai essayé de penser à toi pour vérifier que je fonctionnais encore mais c'était bidon, comme quand j'imaginais mon enterrement, gamine, pour me faire pleurer. J'ai arrêté parce que tu méritais mieux que ça.

Et puis, au moment où j'allais me barrer de la maison, j'ai vu un truc qui a attiré mon attention. Ça dépassait d'un trou dans le mur de la cuisine où il aurait dû avoir une grille d'aération ou un truc comme ça. Je me suis souvenue que ma mère gueulait tout le temps qu'un courant d'air passait par là et qu'elle le sentait en faisant la cuisine. Elle avait dû le boucher un jour où elle avait arrêté d'espérer que mon père finirait ses travaux de bricolage. Je me suis mise sur la pointe des pieds pour le tirer de là et quand je l'ai déplié, j'ai vu que c'était le T-shirt I Love Popcorn de Chris, son préféré. Bog avait presque le même, le sien disait I Love Ice-Cream. Et tout à coup, ça m'est revenu, le fait qu'il l'avait réclamé plusieurs fois l'année dernière et que même au Winston, quand on était arrivés, il était hyper triste que je l'aie pas pris avec nous. Putain, je pouvais le chercher, ce T-shirt ! Nadya l'avait utilisé pour triompher du courant d'air. Et là, l'émotion est montée comme une vague. Une bonne grosse rage. C'était pas possible que des gens comme ça aient eu le droit d'avoir des gamins ! Il faudrait passer un permis pour ça.

Je me suis mise à taper contre les murs, avec les pieds, avec les poings. Je hurlais tant que je pouvais. Par endroits, ma chaussure s'enfonçait dans les cloisons pourries. J'avais mal aux doigts comme jamais. Mais j'arrivais pas à m'arrêter. Je me suis jetée contre les portes. J'ai arraché des bouts de mur là où ça s'effritait. Et je me sentais plus proche de cette maison en essayant de la défoncer que je l'avais été pendant toutes les années où j'y avais fait le ménage. Quand j'ai vu une goutte de sang tomber sur le sol, je me suis calmée. C'est dommage que Shark ait plus été avec nous : je m'étais fait des mains de boxeur. J'ai fourré le T-shirt I Love Popcorn dans ma poche et je suis partie.

Quand je suis arrivée au Winston, la seule chose dont j'avais envie, c'était de te retrouver et de tout te raconter ou de rien te raconter, mais je m'en foutais tant qu'il y avait ta peau. Sauf qu'en arrivant je me suis retrouvée en pleine cérémonie du lancer de dés.

– Tu tombes bien, Anna, tu vas pouvoir tirer ta tâche de la semaine.

Luka m'a tendu les petits cubes de carton. Comme il y avait du monde autour, j'ai rien pu dire. J'allais pas me faire prendre à refuser un système que j'avais mis sur pied et que je vantais sans arrêt aux autres. Les dés ont eu aucune pitié : ils m'ont envoyée sur le toit pour la prochaine surveillance. Bon. J'essayais de pas montrer que j'étais dégoûtée. Au moins, je pourrais fumer une clope et continuer à me calmer.

Je me suis traînée jusqu'au toit, avec mes genoux en vrac, mes mains défoncées et mes pieds en bouillie.

Quand elle a entendu mes pas, Cam a tourné la tête pour voir qui venait la relayer. Et quand elle a vu que c'était moi, elle a eu un petit sourire. Ça m'a fait plaisir. C'était la première fois que je la voyais sans ordi. Elle avait l'air moins cool comme ça. Et même, dans sa couverture et avec sa thermos de thé dans les bras, elle avait l'air d'une petite vieille.

– C'est bon, t'es libre, j'ai dit en me posant près d'elle.

– Oh, ça va, je suis pas pressée... J'aime bien la vue.

Tout le monde l'aimait. C'était le point culminant du quartier. J'ai laissé traîner mon regard moi aussi. Mais j'avais la tête pleine de placoplâtre et de colère. Je voyais pas grand-chose. Tout à coup, Cam a sifflé entre ses dents :

– Eh ben dis donc, tu t'es battue contre qui ?

Elle montrait mes mains.

– Marcus. Je lui ai mis la misère. C'est moi le chef des Pèlerins maintenant.

Elle a éclaté de rire. Son rire, il était comme sa voix : il chantait rauque.

– Tu sais, elle a dit, tout le monde imagine que le gars a dû casser la gueule à la terre entière, vu comme il est baraque, mais en fait Marcus, il se bat jamais.

J'avais du mal à la croire.

– Il a horreur de ça, elle a insisté. Et en fait, il a pas besoin : il lui suffit de faire croire aux autres qu'il est prêt à se battre et généralement tout le monde ferme sa gueule. Je suis dix fois plus teigneuse que lui, en vrai.

J'ai allumé une clope et je lui en ai proposé une. Après avoir tiré une première taffe, je lui ai demandé comment c'était possible. J'essayais de pas avoir l'air trop curieuse mais j'avais envie de connaître toute la vie de Cam.

– Déjà, elle a répondu, Marcus il a eu une enfance bien pire que la mienne. Il aurait des tas de raisons d'être violent. Moi j'avais une existence bien pépère chez moi et malgré tout je me suis retrouvée à détester tout le monde. Alors que tous les gosses ici auraient voulu avoir ce que j'avais. Une famille aimante, pas riche mais pas pauvre, gentille, travailleuse, jamais un mot plus haut que l'autre, parfaitement intégrée…

– C'était quoi le problème, alors ?

– Ma famille aimante, pas riche mais pas pauvre, gentille, travailleuse et… j'en pouvais plus à l'adolescence. J'avais l'impression que mes parents étaient des paillassons. Que le pays pouvait leur marcher dessus, ils continueraient à aller bosser, à sourire, à nous envoyer à l'école. Ils voulaient tellement réussir ici, pouvoir permettre à leur gosse de faire des études, d'avoir un poste de rêve et tout et tout qu'ils se sacrifiaient complètement. La vitrine de la pharmacie a été taguée plusieurs fois. Il y avait marqué *Sales Pakis* dessus. Mes parents ont nettoyé, ils ont dit *c'est pas grave* et ils sont retournés bosser. Comme ils faisaient tout pour rentrer dans les cases, j'ai eu envie d'en sortir le plus possible. J'ai commencé à déconner à l'école. Le voile, je l'ai mis au départ juste parce que j'avais appris que ma mère avait arrêté de le porter après le 11 Septembre pour pas faire peur aux voisins. Je piquais dans la caisse de la pharmacie. Et ça, c'était seulement la partie visible. Sur Internet, je faisais bien pire.

– C'est comme ça que tu l'as rencontré, Marcus ?

– Sur Internet ?

Cam s'est marrée de nouveau et elle s'est presque étranglée avec la fumée de sa clope.

– Ouais, trop, sur un site de rencontre.

– Te fous pas de ma gueule.

– Je l'ai rencontré en camp de vacances. Non, non, dis rien, cette fois c'est vrai. Comme je prenais une mauvaise voie, mes parents se sont dit que pour me faire peur, ils allaient m'envoyer une semaine avec des vrais gamins défavorisés et que j'allais comprendre ma chance. C'est une psy qui leur a recommandé ça. Ils ont dû bien regretter de lui avoir fait confiance à celle-là : l'été d'après, je me tirais avec Marcus.

J'ai enfin posé la question qui m'était venue plusieurs fois à l'esprit en les regardant tous les deux :

– Vous étiez… heu… ensemble ?

Elle m'a jeté un coup d'œil méprisant en écrasant sa cigarette.

– Le problème des Américains, c'est leur envie de tout transformer en romance. C'est maladif dans ce pays.

J'ai rougi. Je me sentais très souvent idiote devant Cam. Je me suis dit que ça devait vraiment pas être le bon moment pour poser l'autre question qui m'était venue plusieurs fois à l'esprit : est-ce qu'il y avait quelque chose entre elle et Luka ? J'avais peur qu'elle se barre du toit si je demandais. Je cherchais comment rebondir après le silence quand elle a lâché :

– Avec Marcus, ça a pas duré. Et puis c'était il y a longtemps. Toi, tu as eu d'autres mecs avant Elijah ?

J'aurais pu lui refaire les vagues listes du collège et du lycée mais j'ai préféré être honnête :

– Pas vraiment.

Elle a eu l'air admirative :

– Eh ben, elle va t'en faire des souvenirs, cette histoire-là.

Et ça aurait pu être une petite phrase de rien du tout, et même une phrase gentille, une phrase que deux copines échangent sur un toit pendant le temps où elles échappent enfin aux autres, sauf qu'au moment où elle l'a dit ce que j'ai surtout entendu, c'est que pour elle c'était évident que ça allait finir.

Avril

NEWS HERALD – 28 avril 2009

La reconstruction de Cleveland, une promesse ambitieuse

« Il est l'heure de relever la tête. » Alors qu'il s'apprête à lancer sa campagne pour les municipales, l'adjoint au maire se veut conquérant. John Bishop a vu la crise frapper de plein fouet la ville dont il supervise le budget depuis 1999. *« Toute ma vie, j'ai entendu parler du déclin de Cleveland. À l'heure où la récession s'abat de plein fouet sur les plus démunis, nous allons montrer au reste du pays l'esprit d'entreprise de notre belle cité. »* La promesse est de taille : les recettes fiscales sont au plus bas, les chiffres du chômage en hausse constante, et le dernier recensement a montré que la population de Cleveland diminuait plus vite que dans n'importe quelle autre ville de cette taille. Venu transformer les commerçants du quartier défavorisé de Fulton en potentiels électeurs, Bishop se veut pragmatique : *« Le premier combat sera le pouvoir d'achat. Certains quartiers sont devenus trop*

dangereux pour que la vie reprenne son cours normal. Les squatteurs, la drogue et la criminalité sont des freins à la reconstruction souhaitée par une majorité de nos concitoyens. » Tout comme son adversaire le maire Jackson, Bishop propose d'augmenter les effectifs policiers afin de sécuriser ce qu'il appelle les *« zones de non-droit »*, où de nombreux bâtiments méritent une réhabilitation. Dans son collimateur, le Slavic Village apparaît comme une priorité. En attendant que les agences immobilières se remettent de la crise des subprimes, Bishop veut organiser une grande campagne de nettoyage : *« Détruire pour mieux reconstruire.* » Derrière le comptoir de son épicerie sur Broadway Avenue, Janet Leary accueille ses mesures avec enthousiasme. *« Quand on laisse une ville pourrir, la vermine s'installe. Tous les jours j'ai peur d'un braquage, ça ne peut plus durer.* » Harvey Sand, garagiste au bord du dépôt de bilan, attend des mesures radicales : *« J'ai travaillé toute une vie pour ma retraite et maintenant, mes économies ont perdu 50 % de leur valeur. Alors oui, qu'on rende le quartier plus attractif, je suis pour. Mais s'il faut payer plus d'impôts, que les plus riches s'en chargent !* » Message reçu par le candidat démocrate qui, contrairement au Congrès, refuse de se laisser aller au pessimisme : *« Quand s'ouvrira le Medical Center, nous aurons de nouvelles familles à loger. S'ensuivra un regain d'attrait pour des quartiers à repeupler.* » Pour autant, l'adjoint au maire n'est pas dupe et admet que la route sera longue : *« Remettre de l'ordre dans ce chaos est un immense défi. Avec votre soutien, je suis prêt à le relever.* »

Elijah

– Est-ce que vous avez des questions ?

Je venais de lire un extrait du *Vieil Homme et la Mer* et ne pensais pas qu'autant de mains se lèveraient.

– Des questions en rapport avec Hemingway ?

Elles se sont toutes baissées. Depuis que Luka nous avait lu l'article du *News Herald* au petit déjeuner, tout le monde n'avait que ça en tête. Bart n'a pas pu se retenir.

– Ça veut dire quoi squatteur ?

– C'est quand on trouve une maison vide et que, du coup, on a le droit de s'installer dedans, lui a expliqué Chris, sûr de lui.

On savait que ce jour allait arriver. On ne se doutait pas qu'il arriverait aussi vite. D'après les recherches de Cameron, la municipalité avait déjà vidé deux groupes installés dans les HLM désaffectées de Fleet Avenue, la vieille station-service de la 69e Rue venait d'être reprise et le maire Jackson allait inaugurer dès septembre des logements sociaux au cœur de Fulton. À l'issue d'une réunion en urgence, on avait voté à l'unanimité l'interdiction de sortir du Winston High jusqu'à nouvel ordre. Pas grave si cela impactait nos finances. Notre sécurité primait et il était nécessaire de se faire tout petit, c'est avec ces arguments que tu avais convaincu Marcus de paralyser son précieux système. Selon Luka, qui cachait mal son excitation face au danger, on avait assez de réserves pour tenir plusieurs semaines en quarantaine. Après tout, ce n'était qu'un léger retour en arrière.

On avait passé l'hiver, on tiendrait bon jusqu'à l'été.

– Si la police nous trouve, faudra déménager ? m'a demandé Bog qui mordillait avec anxiété ce qu'il restait de son stylo.

J'ai essayé de trouver une réponse ni trop alarmiste ni trop insouciante.

– Pour l'instant, on va continuer comme avant, il faudra juste faire un peu plus attention. Et si jamais la police nous trouve, personne n'ira en prison. On n'a rien fait de mal. Maintenant, si vous voulez bien, on va reprendre notre lecture. Geena, tu as un passage favori dans le livre ?

Geena n'a pas eu le temps de retrouver la bonne page. Sans frapper, Dean est entré, la mine défaite. On aurait dit qu'il avait couru.

– Je suis désolé d'interrompre l'atelier mais… c'est urgent… les flics…

– Quoi ?

– Ils arrivent.

Cameron

– T'es sûre de toi ?

Jamais il me faisait confiance. Toujours à se la raconter alors qu'il était pas foutu de faire un CTRL + C. Heureusement qu'il était grand, ténébreux et que sa chambre était le meilleur endroit pour capter le wifi d'un voisin, sinon, Luka m'aurait servi à rien. Je lui ai dit de rester avec ses bouquins et son Chopin le temps que je m'occupe des choses sérieuses.

La machine s'est remise à grésiller. Le signal était plus fort. Ils étaient proches.

– Non je demande parce que la dernière fois, elle a bugué ta machine et on a tiré la sonnette d'alarme pour rien.

Je lui aurais mis un poing, ça aurait pas été pour rien. S'il s'y connaissait un peu en informatique, s'il avait eu le moindre début de jugeote en mécanique, il aurait su qu'il faut jamais se fier à un premier essai. Depuis la fausse alerte, j'avais perfectionné mon nouveau bébé, un logiciel directement relié au système radio de la police locale. Pendant que Luka ronflait, j'avais passé des nuits entières à apprendre par cœur les codes. Ceux qu'on entendait le plus, c'était les 390 et 211. Ivresse sur la voie publique et cambriolage. Au moins une dizaine par jour. 417, c'était un individu armé et ça aussi, y en avait un paquet. 505, c'était les chauffards et, pour pas trop m'emmerder lors de mes veilles, j'essayais toujours de suivre les courses-poursuites jusqu'au bout. Ça se terminait souvent en eau de boudin et même que parfois ça se transformait en 501, avec un mort dans un fossé. Le plus troublant, c'était de surprendre un 273. Il comportait trois volets. Le A, c'était le viol. Le B, l'agression domestique. Le C, les enfants battus. Luka disait que j'allais devenir folle à force, je lui répondais qu'il devait me relayer. Sauf qu'il finissait toujours par s'endormir ou en profiter pour lire des conneries sur Internet.

– Cam, j'ai intercepté un code 187 ! il s'est exclamé une fois alors que je revenais des chiottes.

– Félicitations, tu viens d'assister à un meurtre.

Avec l'article du *Herald* et la quarantaine qui venait d'être actée, j'avais passé l'après-midi avec le casque sur les oreilles. Aux alentours de 16 h 00, un message du central a ordonné aux trois poulets en patrouille dans le centre-ville de se rendre au Slavic Village pour accompagner une équipe qui aller inspecter un bâtiment. *La vieille école près de Broadway Avenue.* J'ai tout de suite prévenu les autres et ils ont rien trouvé de mieux que de faire une foutue réunion, la deuxième de la journée.

– Tu crois qu'ils nous ont balancés ? a demandé le frisé qu'on avait dû sortir de son atelier de lecture et qui, ça se voyait, avait la trouille.

– Je vous avais dit qu'il fallait pas les foutre dehors, a répondu Marcus.

Moi je voyais mal Dave et Mishka s'approcher d'un commissariat. Avec leurs tronches de junkies, il aurait fallu dix minutes à un procureur pour leur coller dix ans de taule. Depuis leur départ, ils m'avaient pas manqué. J'ai jamais compris pourquoi on se les trimballait depuis Chicago. Des boulets, toujours là pour profiter, jamais pressés de participer. Au moins ici, tout le monde mettait la main dans le cambouis. Il y avait un vrai potentiel et il manquait plus que l'expérience de Marcus et mon expertise pour propulser cette bande de gamins vers de nouveaux horizons.

C'est une vieille connaissance sur un forum qui m'avait rencardée sur le Winston High. Elle listait les zones habitables de l'État et, comme les Pèlerins cherchaient un nouveau refuge, j'avais réussi à convaincre Marcus que c'était le squat idéal pour passer l'hiver. Chicago était trop froid, les flics y étaient trop agressifs. La crise avait beaucoup ramolli Cleveland, c'était le moment ou jamais de reposer nos vieux os en attendant la révolution. On imaginait pas trouver les lieux déjà occupés et il avait fallu s'adapter. C'est la spécialité de Marcus ça, s'adapter. Depuis que je le connais, depuis qu'on a fugué ensemble, le type est toujours retombé sur ses pattes. Quand il est décidé à avoir quelque chose, il finit toujours par arriver à ses fins. On a fait les quatre cents coups et, même s'il aime se considérer comme le leader et moi son bras droit, la vérité c'est qu'on est à égalité dans chaque opération. Un duo inséparable, même Elijah et Anna pouvaient pas rêver mieux. Leurs débats s'éternisaient pour savoir qui était responsable de la venue des flics et j'ai dû couper court :

– Bon, je veux surtout pas vous brusquer, mais c'est une affaire de minutes avant qu'ils débarquent. On fait quoi ?

Anna

On se planque, évidemment. Il y avait rien d'autre à répondre à Cameron. Et comme on pouvait pas mettre la main sur tout le monde, on a chargé Dean de faire une annonce par les haut-parleurs.

ATTENTION, ATTENTION,
CECI N'EST PAS UN EXERCICE !

EN RAISON D'UNE DESCENTE DE POLICE
TOUS LES HABITANTS DU LYCÉE SONT PRIÉS DE
SE CACHER IMMÉDIATEMENT.
JE RÉPÈTE : CE N'EST PAS UN EXERCICE.
TOUS AUX ABRIS, LES AMIS !

Quand on joue à cache-cache avec une bande d'enfants, il y a toujours ce moment où celui qui ferme les yeux commence à compter et où ils partent dans tous les sens, sans réfléchir, quitte à se cogner les uns contre les autres ou à se prendre un mur. Ça a pas raté. On les a regardés filer vers les endroits les plus débiles – et les moins secrets, donc – en poussant des petits cris aigus.

– OK, a dit Marcus. On se sépare et on trouve nous-mêmes un endroit pour chacun des mioches.

Il est parti à toute vitesse derrière Bart qui s'éloignait vers les caves. Tu as fait une espèce de salut militaire et tu t'es élancé en direction du premier étage.

– Et au passage, a dit Luka, ce serait bien de faire disparaître tout ce qui donne l'impression que c'est habité, ici, non ?

Je lui ai jeté un regard paniqué : il avait clairement raison mais j'étais pas du tout sûre qu'on avait le temps.

– Dix minutes, a grogné Cameron en tordant la bouche. C'est mon évaluation la plus optimiste.

Luka a filé vers le gymnase et moi vers la cuisine. Cam, elle, restait sur place pour ranger rapidement tout son matos. Je lui aurais bien proposé de l'aide mais elle m'avait reproché une fois mon manque de délicatesse dans la manipulation des câbles et je sentais au tremblement de mes mains que j'étais pas capable d'accomplir un geste précis. Je préférais pousser des chaises du pied et remettre des casseroles sur leurs étagères.

Pendant que je tentais une décoration expresse, genre une ruine comme si vous y étiez, je suis tombée sur un petit troupeau formé de Chris, Bog et Geena qui se chamaillaient dans la cantine. Les jumeaux voulaient pas se séparer mais toutes leurs idées de cachette étaient trop petites pour deux. Geena essayait de se joindre à eux et ils la repoussaient sans pitié. Tu m'as raconté après que tu avais trouvé Zhou en train de tourner en rond dans Fort Édredon, comme si elle avait soudain pu y découvrir une trappe ou un passage secret. J'ai compati, bien sûr. Mais sur le moment, je me suis dit que j'avais vraiment la poisse de devoir gérer les moins doués des gamins, tout en essayant aussi de faire disparaître la vaisselle.

– Entrez là-dedans, j'ai dit à mes deux frères en leur montrant la réserve à balais. Et plus un bruit.

J'ai retourné un seau pour que Chris puisse s'asseoir et Bog a préféré se faire un petit matelas de serpillières.

– Qu'est-ce qui se passe, Anna ? ils ont demandé de leur voix double.

J'ai posé un doigt sur mes lèvres et j'ai improvisé :

– Si personne vous trouve de toute la partie, vous aurez une explication… et une glace !

Geena, qui devinait qu'elle allait subir le même sort, a

tout de suite commencé à négocier pour réclamer aussi des bonbons. Elle était redoutable, mais j'ai quand même réussi à la convaincre de se cacher sous les draps qui nous servaient de nappes.

– On bouge plus, j'ai répété une dernière fois aux trois enfants invisibles.

J'ai entendu des d'accord tellement murmurés que j'ai failli les rater et j'ai bondi vers les pièces suivantes pour y cacher les traces de notre existence.

Oliver

Tout le monde courait dans tous les sens et moi, je savais pas vraiment où j'allais. Je crois qu'au début j'avais pensé au placard à ballons à l'arrière du gymnase et puis j'ai croisé Dean qui allait vers la bibliothèque, avec sa sœur, comme d'hab, et je les ai suivis mais arrivés là-bas on a vu qu'il y avait pas assez de place pour se planquer à trois, alors j'ai fait demi-tour. Cette fois, j'ai croisé Elijah qui m'a dit qu'il venait de trouver une cachette pour Zhou et que lui, il pensait monter sur le toit et rester là tout le temps qu'on avait de la visite mais à ce moment-là, on a vu Dalila passer en courant au bout du couloir, l'air totalement affolée, il a dit merde et il est parti à sa poursuite et moi j'ai continué comme un con à reprendre ma direction d'avant, alors que je savais de moins en moins pourquoi, et je me disais que si ça continuait comme ça, j'allais me faire gauler en train de tracer dans les couloirs, et plus je pensais à ça, moins je pouvais m'arrêter. C'était dingo. Ma mère disait : courir comme un poulet sans tête. C'était exactement ça que je faisais. Jusqu'à ce qu'en descendant les escaliers je me prenne Marcus qui remontait. Le type est un tank, ça a pas dû lui faire mal. Mais moi j'ai presque volé.

– Tous les petits sont planqués ? il a demandé.

J'ai haussé les épaules, j'en savais rien. Il a eu l'air prêt à m'engueuler sauf qu'à ce moment-là, on a entendu le bruit du moteur.

– Et merde. Viens avec moi.

J'ai suivi comme je pouvais, encore un peu sonné. Il m'a emmené au théâtre. J'y allais pas trop moi, ça sentait le bois moisi. En quelques enjambées, il est monté sur scène. J'ai pensé que c'était pas le moment. Mais il a roulé le tapis et il a ouvert une trappe, en plein milieu du truc. Dessous, il y avait des coussins et des caisses qui prenaient pas mal de place et au milieu de tout ça, il y avait Bart qui me faisait un sourire de crétin et un coucou de la main comme s'il était la reine d'Angleterre.

– Tu restes avec lui et tu touches à rien, a dit Marcus.

Il a refermé la trappe sur nous. Entre les planches de la scène, il y avait un peu de lumière qui passait. Je me disais que j'avais de la chance, niveau planque, parce que c'était confort, et pas flippant.

– C'est la super cachette secrète ! a dit Bart. Tu la connaissais pas, hein ?

J'ai essayé de faire croire que si. J'ai pas réussi.

– Moi je l'ai trouvée au tout début, il a repris tout fier. Et je l'ai juste dit à Marcus. C'est notre secret à tous les deux.

C'est là que j'ai commencé à me dire que quand M. Bulldozer m'avait ordonné de toucher à rien, c'était pas juste une recommandation paternelle, genre automatique. C'était sûrement qu'il avait peur que je mette mes sales pattes sur un truc à lui. Un truc qu'il aurait planqué dans la super cachette secrète.

Elijah

Dalila, le problème, c'est qu'elle courait aussi bien qu'elle dansait. En essayant de la rattraper, je pensais à la réplique culte de *L'Arme fatale*: je suis trop vieux pour ces conneries. J'étais à deux doigts d'avoir un point de côté.

– Dalila! j'ai crié plusieurs fois sans qu'elle m'entende.

Ça n'arrangeait pas mes problèmes de respiration. Je soufflais bruyamment comme si j'avais été au bord d'une crise d'allergie au pollen.

– Dalilaaaa!

Elle s'est arrêtée, ou plutôt elle a soudain cessé d'avancer mais en réalité, elle continuait à courir sur place. Ses bras remuaient dans tous les sens. Quand je me suis approché d'elle, j'ai vu qu'elle avait un truc un peu fou dans le regard.

– Elijah, je ne sais pas où me cacher.

– C'est pas grave, j'ai murmuré en lui posant une main sur l'épaule. On va trouver, ne t'en fais pas.

– Mais ils ont pris Sophia ! Ils reviennent pour moi ! Ils…

Comme elle s'interrompait pour ravaler un sanglot, j'ai entendu le ronronnement d'une voiture qui semblait se garer juste sous les fenêtres de notre couloir. Heureusement, Dalila ne paraissait pas avoir remarqué quoi que ce soit. Il fallait que je nous trouve une planque avant qu'elle réalise à quel point les policiers étaient proches. Sinon, je redoutais qu'elle devienne complètement hystérique.

– Entrons là, j'ai dit en ouvrant une porte au hasard et sur un ton confiant, comme si c'était une cachette que j'avais eu en tête depuis le début.

Luka

Juillet 1776. Octobre 1917. Mai 1968. Avril 2009.

Le grand jour était arrivé et, comme prévu, c'était le chaos. En traversant le gymnase, j'essayais de trouver le plan idéal pour nous mener à la victoire. Son fidèle ordinateur sous le bras, Cam m'a rattrapé :

– Va falloir te calmer tout de suite, mec. La révolution, elle aura lieu sur Internet. Aujourd'hui, c'est juste une bonne vieille partie de chat contre souris. Attrape ça !

Si je ne m'étais pas baissé à temps, j'aurais reçu une serviette sale en pleine tête. Chacun avait la sienne et, pour ne pas les mélanger, on avait pris soin de s'en procurer de couleurs différentes. Celle avec Buzz l'Éclair, c'était à Elijah, celle avec Eminem à Oli et pas question de lui piquer. Le dauphin, croyez-le ou non, c'était la mienne. En théorie, elles étaient censées être rangées avec brosses à dents, shampoings et gants de toilette dans les casiers réservés à cet effet mais, comme d'habitude, odeurs et microbes se mélangeaient joyeusement sur le sol humide des vestiaires. Pour éviter que les flics ne tombent dessus, on a tout balancé dans mon casier. Mes mains moites glissaient sur le cadenas. Je n'arrivais plus à me souvenir de la combinaison.

– Dépêche-toi !

– Je fais au mieux…

Je n'aurais jamais dû stresser autant. Il devenait de plus en plus évident que, si révolution il y avait, c'est Cam qui mènerait les troupes au combat, pas moi. Les mains d'un leader ne sont jamais moites.

– C'est bon, j'ai réussi !

– Tu veux une médaille ?

Ce qu'elle pouvait me plaire quand elle me parlait comme ça. Elle le savait et m'a poussé contre la porte d'un casier pour m'embrasser. Je l'ai poussée contre la porte d'un autre casier pour continuer mais, selon elle, il était plus urgent de courir au potager. Le temps s'était suffisamment adouci pour que nos efforts aient été récompensés de quelques pousses et il fallait les cueillir avant qu'elles ne soient détruites par nos visiteurs.

– Ou alors on remonte dans ma chambre pour récupérer ma radio et mes bouquins.

– Il est trop tard pour tes affaires ! Le potager, c'est plus près.

Tout comme la porte d'entrée qui, alors qu'on s'en approchait, a commencé à trembler. On a entendu des voix, le grésillement d'un talkie et le verrou qui sautait.

– Il est trop tard pour le potager.

Anna

Fort Édredon était impossible à ranger. Il aurait fallu qu'on soit plusieurs. Moi toute seule, je pouvais pas faire disparaître tous les matelas, couvertures, oreillers et draps qui auraient jamais dû se trouver dans une salle des profs. Je continuais pourtant, je m'acharnais. J'avais les bras cassés mais je voulais pas renoncer.

– Merde, Anna, qu'est-ce que tu fous ?

Marcus venait d'entrer dans la pièce. Il me regardait faire voler la cabane de lits comme si j'avais été complètement cinglée.

– Je cache les traces de notre vie ici. C'était l'idée de Luka.

– Mais les flics sont là, meuf, c'est toi qu'il faut cacher maintenant !

– Plus jamais tu m'appelles comme ça, mec.

– Tu veux qu'ils te trouvent en train de faire le ménage ?

J'ai sursauté. Ils étaient déjà là ?

– Ils se sont garés de l'autre côté, a dit Marcus pour me rassurer. Et pour l'instant, ils sont occupés avec des types en gilet orange qui ont l'air de prendre des mesures mais je traînerais pas si j'étais à ta place.

J'ai lâché ma pile d'oreillers. Malgré mes efforts, la pièce ne ressemblait toujours à rien. Ils sauraient que des gens avaient habité ici. Je voulais pas penser que ça pouvait être la fin, pourtant.

– Et toi alors ? Pourquoi tu te planques pas ? j'ai demandé à Marcus.

– J'ai mis Bart en sécurité et je pensais aller le retrouver après une dernière tournée d'inspection mais je suis tombé sur Oli qui faisait n'importe quoi. Du coup, je lui ai donné ma place, du coup…

– Tu es à la rue, j'ai conclu.

Il a eu un petit sourire. Malgré moi, j'ai pas pu m'empêcher d'admirer ce type qui gardait la tête froide quand tout le monde pétait un câble. Il a sorti le trousseau de sa poche, mon trousseau, comme le jour où je l'avais rencontré.

– On peut s'enfermer où, selon toi ? il a demandé.

– Tous les deux ?

Dalila

J'ai séché mes larmes. Pourquoi il fallait toujours que je me mette à pleurer ? J'étais pas comme ça avant. Ma sœur était toujours la plus sensible et moi celle qui la réconfortait. Sœur Harriet nous avait appris à ne pas montrer nos faiblesses, à toujours prendre sur nous comme le Christ sur sa Croix. Sophia avait mal vécu nos trois années à l'École chrétienne évangélique. Elle ne supportait pas d'être éloignée des parents, de devoir porter des uniformes gris et d'attacher ses longs cheveux blonds. Le règlement était trop strict pour une gamine aussi rêveuse. Elle voulait bien faire, récitait toutes ses prières mais, le soir, dans le grand dortoir, elle venait souvent me rejoindre. Combien de temps ça va durer ? elle demandait en pleurant. Tiens bon Sophia, je répondais, en lui promettant qu'un jour, on s'évaderait. Moi je me plaisais là-bas. J'étais prête à tout encaisser parce que je savais qu'on était en sécurité, loin de la cravache de papa et des sermons de maman. On supporte mieux l'abus quand il ne vient pas de ceux qui sont censés nous aimer. Sœur Harriet me laissait danser tous les samedis. Un soir, Sophia est venue avec des bleus sur le visage. Sœur Harriet l'avait punie après l'avoir surprise à voler des oranges dans le réfectoire. On avait plus le choix, on est parties. Après plusieurs jours de fugue, des jours horribles, on a croisé Shark qui nous a parlé du projet d'Anna. Elle a bien voulu de nous. Elle a dit qu'on serait en sécurité.

– Jusqu'au jour où Sophia a disparu. Puis Shark. Jusqu'à aujourd'hui.

Il y a eu du bruit de l'autre côté. Elijah a sursauté, je n'ai pas bougé. On était à l'étroit dans une annexe du labo scientifique pleine de fioles, d'éprouvettes et de tubes à essai.

– Personne ne nous fera de mal, je te le promets Dalila. Je vais éteindre la lumière et quand je rallumerai, tout ira mieux.

Elijah avait toujours été gentil avec moi mais je savais qu'il disait ça juste pour me consoler. J'avais fait des milliers de promesses pour consoler Sophia.

Bart

J'étais déçu que ce soit Oli qui se cache avec moi et pas Marcus parce que Oli, il était moins gentil et d'habitude il ne s'intéressait pas beaucoup à moi. Mais là, pour une fois, il a commencé à me poser des tas de questions et ça me plaisait de savoir des trucs que lui savait pas. Par exemple, il voulait savoir comment et quand j'avais trouvé la cachette et quand je l'avais montrée à Marcus et si on y allait souvent tous les deux.

– C'est ton grand copain, non ? il a demandé.

Je lui ai dit que c'était plus que ça : Marcus et moi, on était devenus frères.

– Pourquoi est-ce que Marcus aurait besoin d'un frère comme toi ? il a ricané.

Moi ça m'a énervé, alors j'ai répondu que je m'en moquais qu'il me croie pas mais que c'était comme ça et que même on était Frères de secret, un truc aussi important que Frères de sang, et qu'il verrait bien quand Marcus reviendrait si je mentais. Il a changé de visage et il m'a dit d'une voix plus douce :

– OK, pardon. Je voulais pas te vexer. C'est juste que je sais pas bien comment ça marche, Frères de secret, alors ça m'a surpris. Tu m'expliques le principe ?

J'ai hésité un peu parce que j'étais pas sûr que Frères de secret, ça veuille pas dire aussi garder secret le fait d'être Frères de secret. Mais alors là, ça devenait trop compliqué. Et puis, c'était Marcus qui avait amené Oli ici, alors il lui faisait sûrement confiance.

– On a choisi un endroit, j'ai dit, et dedans Marcus a mis son plus gros secret et moi j'ai mis mon plus gros secret et on est devenus Frères de secret, c'est tout.

Maintenant que j'avais expliqué, je trouvais ça un peu trop simple et j'aurais voulu qu'il y ait du mystère en plus, avec des formules magiques par exemple, ou un monstre, mais j'ai toujours été un mauvais menteur alors bon, peut-être que c'était mieux de dire seulement ce qui y était.

– Et c'était quel endroit, Bart ?

J'ai serré les lèvres très fort pour ne pas lui dire. Ça, j'étais sûr que ça faisait partie du pacte des Frères de secret : jamais révéler où étaient cachés les secrets.

– C'était quel endroit ?

Je suis resté aussi silencieux que je pouvais. Et immobile aussi, pour être encore plus sûr. Mais j'ai pas pu empêcher mes yeux de glisser lentement vers la petite boîte à outils qui dépassait de derrière la pile de tissus colorés. Quand je les ai relevés sur Oli, j'ai vu qu'il l'avait repérée lui aussi.

Cameron

Jouer avec mes petits camarades, ça a jamais été mon truc.

Pourtant, il y avait un passe-temps où je gagnais à tous les coups. Un gamin criait «le sol est de la lave!» et le dernier à trouver un perchoir était disqualifié. Quand les flics sont entrés dans le Winston High, j'ai direct retrouvé mes réflexes de survie et sauté sur l'abri le plus proche, une cuvette de toilette. Moins réactif, Luka en a fait autant dans le compartiment voisin, accroupi pour pas que sa grande silhouette dépasse. On avait plus qu'à espérer que personne n'ait une soudaine envie de pisser. Alors que leurs pas approchaient dangereusement, je me suis collée contre la paroi en retenant mon souffle. J'ai entendu les robinets couler.

– Tout a l'air de fonctionner, a constaté la première voix. Personne n'a pensé à couper l'eau, comme si la mairie avait de l'argent à jeter par les fenêtres!

– Y a encore des traces de dentifrice, a ajouté sa collègue. Ça doit être squatté, faut faire gaffe.

– Pas forcément. Ça pourrait être l'ancienne planque des deux junkies qu'on a arrêtés à la gare. Il a bien fallu qu'ils passent l'hiver quelque part.

Dave et Mishka. J'étais sûre que c'était d'eux que les flics parlaient. À peine ils avaient posé le pied dehors qu'ils s'étaient fait serrer. Bravo, les artistes. Par contre, si *les deux junkies* étaient bien nos anciens compagnons, alors Marcus avait tort: ils ne nous avaient pas balancés. Les policiers, apparemment soulagés d'avoir deviné d'où venait le bordel de la pièce, repartaient sans se fouler à chercher. Ça m'a fait du bien de penser que ceux avec qui j'avais partagé planques et couvertures, ceux pour qui je m'étais privée de bouffer afin de payer la caution à Chicago avaient gardé un minimum de loyauté. Et puis juste après, ça m'a foutu un coup parce que nous, on les avait virés au bout du compte et c'était qui les gentils alors dans cette histoire ? Marcus avait galéré pour que j'apprenne à faire confiance aux autres mais la vérité, c'est qu'en temps de crise, quand vos parents vous abandonnent ou que le sol est de la lave, vous ne pouvez compter que sur vous.

Marcus

On avait mis la main sur les réserves de Dave et Mishka. Ça m'a fait marrer parce que j'avais essayé plusieurs fois de trouver les bouteilles pour les confisquer. Ils avaient dû choper un double des clés, ou au moins de celle-là, parce que quand on est entrés dans l'infirmerie, on est direct tombés dessus. Deux bouteilles de bourbon bas de gamme et du sirop pour la toux codéiné.

J'ai jamais eu envie de jouer les pères la morale avec les Pèlerins mais il y a quelques règles que je trouvais nécessaires, comme celle qui disait que si tu vomissais sur tes pompes valait mieux que tu arrêtes l'alcool. Moi, il y avait longtemps que ça me faisait plus grand-chose, juste la tête qui tourne un peu, le sourire un peu plus large.

Vu la tronche que tirait Anna devant les fonds de bouteille, je me suis dit que ça devait pas être son délire. C'est ça le problème avec les gamins des quartiers : tu peux jamais savoir si tu vas tomber sur un alcoolique précoce ou sur quelqu'un d'immunisé contre la bibine par l'alcoolisme de ses parents. Tu as une chance sur deux.

– C'est pas vraiment le moment, si ? a demandé Anna alors que je me servais une grosse rasade.

– Pas de dîner romantique sans champagne, j'ai répondu en lui tendant l'autre bouteille.

Elle s'est assise sur un des lits en soupirant.

– Pourquoi tu crois qu'ils sont là ?

– Vu les gilets et le fait que personne a l'arme au poing, les flics doivent probablement accompagner des mecs qui diagnostiquent je sais pas quoi sur le bâtiment. Ils viennent pas pour nous. C'est pas encore la guerre.

– Le dernier policier qu'on a croisé, ça s'est plutôt mal fini.

J'ai hoché la tête. J'avais déjà entendu plusieurs fois l'histoire du petit Shark à la patinoire. C'était le seul fait d'armes que les gamins d'ici avaient à raconter pour nous prouver qu'ils étaient des durs. Ça m'impressionnait moyen. J'ai regardé Anna et j'ai vu que, presque machinalement, elle portait la bouteille à ses lèvres. À la tienne, j'ai pensé. Ça avait un côté rassurant, l'alcool, dans les situations de crise. Je savais que c'était trompeur, mais quand même, ça tenait chaud.

– T'as déjà eu affaire à eux ? a demandé Anna. Aux flics, je veux dire.

Je me suis marré et je lui ai montré le tatouage sur mon épaule.

– Tu le vois, celui-là ? Je l'ai fait en taule.

Elle a plissé les yeux pour mieux voir et elle m'a demandé dans quelle prison.

– Mais merde, Anna, je te fais marcher !

– Quoi ?

– J'ai jamais fait de taule ! Tu veux bien arrêter de croire que je suis un criminel endurci !

– C'était con, comme blague.

J'ai quand même vu un petit sourire se dessiner sur ses lèvres. Elle l'a caché en buvant une nouvelle rasade de bourbon trop sucré. Il empoissait sacrément la bouche, ce truc. On le sentait presque se nicher dans les dents pour y creuser des caries.

– Les parents de Bart sont en prison, elle a dit d'une voix pensive. Ça arrive pas qu'aux tueurs en série.

– Je savais pas.

En fait, ça me sciait un peu de l'apprendre. Moi je venais d'un endroit où on nous avait appris que la prison, c'était toujours pour nos tronches – nous les Afro-Américains. J'avais même du mal à imaginer des Blancs derrière les barreaux, ou à la rigueur des Hispaniques. Je lui ai même donné les chiffres : les Noirs représentaient 12 % de la population américaine, mais 40 % des prisonniers, et plus de 50 % des victimes de violences policières.

– Où tu as appris ça ?

– C'est mon père qui me l'a dit.

– Ah.

J'ai bien vu qu'elle se retenait de poser des questions et, comme on était coincés ici et que j'avais rien de mieux à faire que lui raconter ma vie, j'ai ajouté sans qu'elle me le demande :

– Il était flic.

Luka

– Suis-moi Bill, a dit la flic, on va jeter un œil à l'étage.

– J'espère que les gars de la mairie vont se magner, a répondu le flic qui s'appelait Bill. Je veux être rentré à l'heure pour *Survivor.*

– T'as déjà vu un des gars de la mairie se magner ?

Dès que les ricanements se sont éloignés, je suis sorti de ma cachette. Mes genoux n'auraient pas tenu beaucoup plus longtemps. J'avais l'habitude de devoir les plier pourtant. Même petit j'étais grand, trop grand pour les bureaux de l'école ou les lits superposés d'où dépassaient toujours les pieds que ma sœur ne manquait jamais de chatouiller. Je me suis étiré de tout mon long en me disant qu'Agnes aurait adoré cette partie de cache-cache et qu'elle devait sacrément s'ennuyer maintenant avec son idiot de mari, tout là-bas en Californie. On avait pas tous la chance de rencontrer une Cameron.

Je l'ai rejointe près des douches. Sous l'amas de papier toilette et de cotons-tiges jaunis d'une poubelle, elle a retrouvé son ordi. Elle devait sûrement avoir un plan béton pour détourner l'attention des flics.

– On a eu chaud, j'ai murmuré en passant mes mains autour de sa taille. J'espère que les autres sont aussi bien planqués que nous.

Elle a eu un mouvement de recul, a baissé la tête. Elle faisait ça souvent, comme si elle souhaitait disparaître sous le tissu de son hijab. Sauf que cette fois j'ai senti que ce n'était pas juste par gêne ou pour que je lui foute la paix. Cette fois, et la manière dont elle se tenait à l'écart me l'a confirmé, j'ai senti que quelque chose n'allait pas. Il m'a fallu plusieurs secondes pour comprendre quoi.

– Tu peux pas faire ça.

– Si. Et tu vas me laisser faire. Ce sera trop dur sinon.

Il lui arrivait de prétendre qu'elle allait me quitter pour rejoindre un mouvement de résistance à Wall Street ou Reykjavik mais on finissait toujours par en rire tellement ça semblait bien trop utopique, même pour nous. Quand je pensais à notre avenir, je nous imaginais plutôt en train de mener la révolte ici, à Cleveland. Ensemble.

– Je peux pas abandonner mes amis, Cam… Pas maintenant.

– Je sais. T'as vu ? Je te l'ai même pas demandé.

Et je savais que la supplier de rester ne servirait à rien. N'empêche, pour quelqu'un d'aussi déterminé, Cam a eu un drôle de tremblement dans la voix quand elle a fini par poser une main sur ma joue et m'a dit au revoir.

– Lâche rien, Luka.

Je n'ai pas osé lui demander sa destination. Ce n'était pas la première fois qu'elle prenait la fuite. Elle allait se débrouiller, c'était certain. Il lui suffisait de disparaître derrière la porte laissée grande ouverte par les flics. Peut-être qu'en s'éloignant elle s'est retournée. Peut-être qu'elle espérait secrètement que j'allais la suivre. Je ne l'ai jamais su. Je lui ai souhaité bonne chance et suis resté seul, recroquevillé entre deux lavabos, les genoux douloureux, tout douloureux.

Elijah

Je n'aurais jamais parié que ça se finirait comme ça, Dalila et moi pris au piège dans un placard, même pas tristes, juste résignés. J'avais imaginé de la bagarre, une course-poursuite et des adieux déchirants mais on est restés en tailleur, silencieux, prêts à rendre les armes. Les policiers étaient tellement sûrs de leur coup qu'ils ne s'embarrassaient d'aucune discrétion, montant les escaliers d'un pas lourd, échangeant quelques blagues et inspectant déjà le couloir. Avant qu'ils n'ouvrent la porte, j'avais quelques secondes pour trouver un truc intelligent à dire. Je n'ai rien trouvé. Je n'arrivais pas à t'enlever de ma tête. Où étais-tu cachée, qu'est-ce que tu ressentais et, tout sauf ça, serions-nous séparés ?

Si on avait eu le temps de s'organiser, si le programme de Cameron nous avait alertés plus tôt, peut-être qu'on aurait eu le loisir de soigner notre sortie. Il aurait suffi de prendre le Tunnel et d'avancer dans les égouts jusqu'à une planque de secours dénichée par les Pèlerins. Ou alors je t'aurais prise par la main et on serait montés dans un bus. J'aurais récupéré ma chambre à l'université et on aurait pu s'y cacher, suivre quelques leçons de littérature comparée en nous mêlant à la foule des amphis. Après tout, comme venait de me le rappeler l'histoire de Dalila, c'est en fuyant qu'on avait atterri au Winston High. Quand j'étais à l'école, je regardais la pendule en espérant qu'un événement, même tragique, interrompe la routine des cours en plein mois de mars et nous libère. Je devais avoir grandi ou je sais pas parce que désormais je voulais que les choses restent comme elles étaient.

J'ai senti le parfum de lavande des cheveux de Dalila quand elle s'est approchée de mon oreille pour me murmurer le plus bas possible :

– Tu connais David et Goliath ?

Bien sûr. La belle histoire du petit qui terrasse le grand. Dont ma version païenne était celle des Hobbits sauvant le monde grâce au pouvoir de l'amitié. À une époque, ça aurait suffi à me redonner espoir. Mais à la fin de toutes choses, c'est la réalité qui l'emporte et frappe le plus dur. Bientôt, malgré nos efforts, il n'allait bientôt plus rester aucune trace du Winston High. On allait redevenir ruines parmi les ruines d'une ville qui, contrairement à ce qu'annonce son slogan, ne sera jamais ni prospère ni progressiste. Les petits allaient être réinsérés tant bien que mal dans un système qui ne leur ferait aucun cadeau, formés au marché du travail, responsables et victimes de la prochaine crise – elle-même conséquence de toutes les crises précédentes. Sur de poussiéreux chantiers, des gamins comme Dean ou Shark construiraient les machines destinées à les remplacer. Oliver risquait de reproduire le schéma violent et alcoolisé de son père. Alors qu'il aurait pu devenir un brillant professeur, Luka allait être réduit à mendier, tout comme Lily, tout comme Dalila et elles ne pourraient compter sur aucun messie pour les sauver. On était condamnés depuis le début et on n'avait rien fait d'autre que repousser l'échéance. Plus dure était la chute pour le marchand de rêves que j'étais devenu. Si j'avais mieux suivi cette histoire de subprimes, je me serais douté que ce petit jeu finirait mal.

– Qu'est-ce qu'on fait, Elijah ?

Dalila ne prenait même plus la peine de murmurer. J'avais les joues rouges de honte en pensant au regard de mon père quand il allait payer ma caution. À ta déception si tu savais à quel point ma lucidité venait tout foutre en l'air. Tu avais vu juste depuis le début : je n'étais qu'un touriste, prêt à déguerpir au premier signe d'orage.

– Elijah, on fait quoi ?

Dalila m'a secoué et fait s'évaporer tous mes nuages noirs.

– Ils sont montés à l'étage. On peut encore s'en sortir, trouver un plan.

On est en Amérique, terre des éternels optimistes où rien n'est plus beau qu'une deuxième chance, même si c'est la cinquième.

Anna

J'avais aucune idée de l'heure. On avait pas de montre. Il y avait que le niveau des bouteilles pour signaler le temps qui passait. Et là, elles étaient vides. Je voyais onduler les murs de l'infirmerie. On entendait de temps en temps des portes, des voix, des bruits de radio, mais toujours au loin. Et pas assez de bordel pour indiquer que les policiers avaient trouvé les autres.

Juste l'inquiétude, l'attente, l'ivresse.

Marcus me parlait de son père, je lui parlais du mien. Parfois, on parlait tous les deux en même temps.

– Bien sûr que les chiens font des chats, il disait. Les enfants ressemblent pas toujours à leurs parents.

– Carrément pas.

– Surtout quand les parents ne les ont pas élevés.

– Grave.

Il m'a raconté que son père était mort quand il avait treize ans et qu'à partir de là il avait été placé dans des centres. Sa mère s'était barrée bien avant parce qu'elle trouvait son père trop pauvre.

– Il disait qu'elle voulait être chanteuse et qu'elle était partie pour suivre ses rêves. Il lui en voulait même pas. Il en voulait jamais à personne.

– Moi c'était le contraire. Mon père en voulait à tout le monde. Comme ça, c'était jamais sa faute. Il ratait tout et c'était toujours à cause des autres. C'était un conspirationniste de compétition.

J'avais eu du mal à prononcer les derniers mots. Putain de bourbon.

– Gamin, a repris Marcus, j'allumais la radio en espérant que j'entendrais ma mère. Je me disais que le jour où une de ses chansons passerait elle reviendrait. Puisque son rêve s'était réalisé, elle aurait plus besoin de courir après.

J'ai regardé le type immense que j'avais devant moi, le chef des Pèlerins, mon redoutable ennemi. Tout à coup, je l'ai imaginé à sept ou huit ans, l'âge de Bart, la main sur un bouton d'autoradio, le tournant sans arrêt pour changer de station, écouter quelques notes et puis recommencer, toujours déçu par la voix de la chanteuse, jamais découragé.

– Je suis désolée Marcus, j'ai murmuré.

Il a haussé les épaules :

– Oh ça va… j'ai pas fait l'Afghanistan non plus.

Il m'a envoyé une bourrade et il a commencé à siffloter *Cry Me a River.*

Le temps s'est arrêté à nouveau, au fond des bouteilles vides.

À un moment, on a entendu les grandes portes du bas claquer et on s'est regardés sans trop y croire. Est-ce qu'ils étaient partis ? Marcus a entrouvert la porte de la planque et on a écouté en retenant nos souffles. Rien. Et puis un bruit de moteur. Le sourire de Marcus a fait son grand retour. Nos visiteurs étaient partis sans nous avoir trouvés.

Avant que j'aie pu l'en empêcher, Marcus s'est glissé hors de la planque en disant qu'il fallait qu'il vérifie que tout était en ordre dans l'amphithéâtre. Il m'avait plusieurs fois posé des questions sur Oli et j'avais senti que quelque chose clochait mais je savais pas quoi. Il a filé dans le couloir avec une adresse qui m'a permis de capter la différence entre nous : moi, j'avais du mal à me tenir sur mes pieds.

Oliver

Bart avait protesté, pleuré, et même un peu crié mais j'avais quand même ouvert la boîte. Et sous son secret à lui – une lettre d'amour à Geena, tu parles d'un scoop – j'avais trouvé celui de Marcus. Celui-là, il valait le détour.

Quand l'autre a soulevé la trappe, je l'avais à la main, pointé sur lui. Il a sursauté.

– Rends-moi ça tout de suite, Oli !

J'ai regardé le flingue, puis Marcus que j'étais en train de braquer et j'ai hésité. Je m'attendais à ce que ce soit un flic. Je me suis levé sans baisser l'arme et Marcus s'est éloigné lentement de la trappe, en levant les mains en l'air. Il avait plus son habituel air confiant et il puait la tise.

– Pourquoi tu as caché ça dans le lycée, hein ? C'était pour nous chasser ? Tu avais prévu de tuer qui avec ça ? Tu t'en es déjà servi ?

Je posais les questions trop vite et je lui laissais pas le temps de répondre. Avoir ce truc entre les mains m'électrisait complètement.

– Arrête, Oli, calme-toi, a dit doucement Marcus quand je

l'ai laissé en placer une. Je t'explique. C'est un flingue qu'on a trouvé dans une voiture qu'on a vidée. Non, je m'en suis jamais servi mais oui, je me suis dit qu'un jour ça pourrait être utile. S'il fallait se défendre contre des dangers un peu plus gros que ceux qu'on rencontre d'habitude. Pas contre vous. Jamais contre vous. Ça m'aurait pas traversé l'esprit. C'est pour ça que je l'ai caché, mec. Pour que justement personne s'en serve. Pour que personne risque de s'en servir.

Il a fait un pas vers moi, a commencé à tendre la main mais je lui ai crié de pas bouger. J'hésitais encore à lui faire confiance.

– Tout se barre en couille depuis que vous êtes là, j'ai dit. Avant vous, on était bien. Avant vous, on était des copains. On faisait nos trucs. Maintenant, c'est n'importe quoi.

Je voyais le pistolet trembler au bout de mes bras. J'aurais jamais imaginé que c'était si lourd.

– Pourquoi vous êtes venus foutre le bordel, hein ?

– C'est pas sa faute, Oli, a dit Bart dans mon dos.

– Tais-toi, toi !

– Non.

Je me suis retourné une seconde. Il chialait tellement que ses lunettes glissaient sur ses larmes.

– Non, je me tais pas parce que Marcus c'est mon ami ! C'est comme toi et Shark, avant. Alors je le protège.

– Merci, a murmuré Marcus.

Le petit visage de Bart s'est illuminé d'un coup. J'ai pensé que Marcus était meilleur avec les gamins que moi. J'ai pensé qu'est-ce que tu fous Oli avec cette arme à la main alors que tu sais pas t'en servir rends-la tout de suite tu vas blesser quelqu'un. Et je voulais lui rendre, je jure que je voulais.

Sauf que le flic est entré dans la pièce à ce moment-là. Un flic de la deuxième voiture, celle qu'était pas encore partie, un agent tout jeune qu'on avait chargé de finir vite fait l'inspection pour le principe une fois que les mecs de la mairie avaient pris leurs mesures. Ça, je le savais pas à ce moment-là. Je l'ai juste vu débouler dans l'amphithéâtre, sûr qu'il serait vide. Je l'ai vu découvrir la scène, crier quelque chose en cherchant à sortir son pistolet de sa ceinture. J'ai vu le visage de Marcus. Le flic m'a braqué. J'ai braqué le flic. Marcus a crié. Le flic s'est tourné vers lui.

Après, je sais pas. Il y a juste eu le bruit.

Mai

Anna

À partir de là, tout s'accélère et pour vraiment raconter cette nuit comme on l'a vécue, il faut passer au présent. À minuit, avril devient mai. Un flic tourbillonne sur lui-même. Il tire. Oliver tombe. Marcus est jeté au sol, visage écrasé sous une botte. Défilé de lumières et de sirènes. Une ambulance évacue les blessés. Un fourgon crache de nouveaux flics pour «sécuriser l'endroit». Certains portent casque et bouclier, d'autres chemise et cravate, ils ont tous l'air d'être prêts à sauver le monde. Au début, on dirait qu'ils nous voient pas. Ils cherchent autre chose. On entend un hélico ou peut-être que c'est le tonnerre. Luka nous rejoint, Dean et moi. On pense à s'enfuir. Oliver a disparu à l'arrière d'une ambulance aussi vieille que les bagnoles du quartier. Les urgences de l'hôpital, j'y étais allée avec mes frères après l'épisode du chien de combat, ça fait peur. Les clodos y viennent pour mourir. On croise Bart qui chiale près d'une traînée de sang et notre premier instinct c'est d'aller le réconforter même si on a du mal à se retenir de chialer nous aussi. C'est là qu'on se fait cueillir, autour de la trace, là, ce sang dont on sait pas si c'est celui d'Oli ou du petit flic et qu'on regarde comme si ça pouvait nous donner la réponse. Un à un, on se retrouve alignés contre un mur. Ils n'ont rien trouvé de mieux que nous. Je raconte ça comme si j'avais suivi le déroulement des événements et gardé un œil sur l'horloge et le calendrier. La vérité, c'est que c'est le désordre. Un cauchemar interminable.

Agent Foster: Vous voyez un inconvénient à ce que j'enregistre notre conversation ?

Anna: J'ai rien à cacher.

Agent Foster: Très bien. Nom ?

Anna: Anna. Wyczenski.

Agent Foster: Vous pouvez me l'épeler ?

Anna: Comme ça se prononce. Vous avez des nouvelles d'Oliver ?

Agent Foster: C'est moi qui pose les questions.

Anna: C'est vous qui tirez sur un innocent et c'est moi qu'on interroge…

Elijah

On peut passer au présent, oui, même si moi, cette nuit, je m'en souviens bien. Trop bien. Je me souviens qu'en entendant le premier coup de feu je serre le bras de Dalila. Au deuxième, on s'allonge sur le sol, les mains sur la tête. Elle veut qu'on aille voir ce qu'il se passe, je préfère rester caché. Je ne vois pas ce que je pourrais faire contre un pistolet. Il n'y a pas de troisième tir.

– Tu crois qu'ils ont tué quelqu'un ?

– Sûrement pas.

– Ils tiraient sur qui ?

Tous vos visages défilent. Je me remets debout. J'ai peur, j'ai honte d'avoir peur mais par-dessus tout j'ai besoin de savoir. J'ouvre la porte.

On s'aventure à petits pas sur les marches du grand escalier. On aperçoit la silhouette d'une policière. Elle a son arme dans une main, sa radio dans l'autre. Elle demande des renforts. « Un homme à terre », elle répète. Elle tremble. On tremble. Quelque chose d'horrible vient d'arriver.

Agent Foster : Depuis quand êtes-vous installés au Winston High ?

Elijah : Depuis le Vaste Bordel.

Agent Foster : Le quoi ?

Elijah : Je me suis levé un matin, l'été était fini et...

Agent Foster : J'ai juste besoin d'une date.

Elijah : Et moi j'ai besoin de savoir si mes amis sont en vie. Mais comme vous faites de la rétention d'informations, comptez pas sur moi pour être précis.

Anna

La première chose que font les adultes en arrivant au

Winston High, c'est transformer ce qui reste de Fort Édredon en prison. Tous les gamins à l'intérieur et la porte gardée par un uniforme à moustache. C'est comme l'heure de la sieste en maternelle sauf que la maîtresse a un taser. Je vois les flics bousculer mes frangins et j'essaie de m'interposer. On me colle des menottes, par précaution. Enfin, pas vraiment des menottes, pas les doubles trucs ronds des westerns, c'est plutôt une sorte de lien en plastique. Ça me cisaille les poignets et ça me donne l'impression d'être un sac de bouffe. Luka aussi y a droit. Il est grand, ça impressionne. Dean est pas grand mais il est noir donc on sait jamais. Bart n'a plus de lunettes. J'espère qu'il les a perdues avant de voir son pote se faire tirer dessus. Chris et Bog posent plein de questions mais c'est Lily qui leur répond. Moi, si j'ouvre la bouche, je vais m'énerver et on va sentir l'odeur de bourbon. Je m'écœure. Tout le monde a envie de pleurer. Zhou pleure. Je mets un moment avant de remarquer les absents. Oli bien sûr. Marcus, évidemment. Cam. Eduardo. Ils sont où, eux ? Geena est la dernière survivante des Pèlerins. Dalila n'est pas là. Tu n'es pas là.

Anna : C'est quoi, les charges ?

Agent Foster : Pardon ?

Anna : Qu'est-ce que vous avez contre nous ? Vous n'avez pas le droit de retenir des mineurs sans raison valable.

Agent Foster : Occupation illégale d'une propriété municipale. Vol et recel. Détention d'arme à feu sans permis.

Complicité avec un fugitif recherché. Et si ça ne suffisait pas, votre taux d'alcoolémie crève le plafond.

Anna : C'est de famille.

Elijah

On n'a plus le choix. Enfin, on a deux choix : soit on tente de s'enfuir, soit on se rend. Donc, on n'a plus le choix. Je suis presque à la recherche d'un mouchoir blanc à agiter, et puis on croise la route d'Eduardo qui descend nonchalamment l'escalier. Il en a vu d'autres des descentes de flics. Je lui demande ce qu'il faut faire, au cas où il aurait connaissance d'une troisième voie. Mais non, Eduardo a l'air de penser lui aussi que capituler, c'est tout ce qu'il nous reste.

– C'est moins dangereux pour vous.

– Et toi ?

– Moi je suis le mouvement, les gars. Si vous vous rendez, je me rends.

– Personne t'en voudra si tu pars, murmure Dalila. Peut-être que tu peux encore t'échapper par les égouts…

– Et me retrouver tout seul, comme un crevard ?

– C'est mieux que de se retrouver en taule.

Il hausse les épaules.

– Au pire j'y passerai quelques semaines. Ils ont rien sur moi. Ça me permettra de penser à ce que je ferai après.

On doit faire de drôles de têtes parce qu'il essaie de nous expliquer :

– Avec les Pèlerins, j'ai appris à faire des choses pour le groupe, à me bouger pour les autres, et pour ça il faut dire qu'on a tous fait des efforts de fou pendant des années. Maintenant que la seule chose qui est en jeu, c'est ma gueule, ça semble pas si urgent.

On ne trouve rien à ajouter. De toute façon, il est trop tard pour faire machine arrière. Une lampe torche nous éblouit. On s'arrête. Les mains en l'air.

Elijah : Dans le pire des cas… on risque quoi ?

Agent Foster : Amende, prison, travaux d'intérêt général… ce sera au juge de décider. Tout ce que l'on veut pour l'instant, c'est savoir la vérité. Comment avez-vous rencontré M. Avery ?

Elijah : Qui ?

Agent Foster : Marcus Avery.

Elijah : Jamais entendu parler.

Agent Foster : Ne cherchez pas à le défendre. Ce gars-là a déjà un casier et si on arrive à prouver qu'il est à l'origine de vos méfaits on pourra sans doute alléger vos peines.

Elijah : Vous voulez que je vous dise que Marcus nous a kidnappés et nous a forcés à vivre comme des voleurs ?

Agent Foster : Dites-moi la vérité. Comment avez-vous rencontré M. Avery ?

Elijah : Jamais entendu parler.

Anna

Fort Édredon est un four où on nous laisse bouillir sans rien nous dire. On sait pas comment ce flingue s'est retrouvé dans les mains d'Oli. Bart essaie de raconter ce qu'il a vu mais il a rien vu et il chiale tellement qu'on ne capte qu'un mot sur deux. C'est ma faute, il répète et Lily répète c'est pas ta faute et Bart dit que s'il avait gardé le secret, rien de tout ça serait arrivé et tout le monde sait que tout ça serait arrivé de toute façon et tout le monde se sent con d'avoir cru l'inverse une seule seconde. Je me sens conne. J'aimerais bien qu'on me dise c'est pas ta faute. Quand tout s'est cassé la gueule, j'aurais aimé être sur le pont plutôt qu'écroulée dans un placard avec la tête en vrac et un sourire idiot.

– Où est Cam ? demande Geena à Luka.

Luka ne répond pas. Il ne pleure pas comme Bart, ne s'agite pas comme les jumeaux et ne tremble pas comme moi mais c'est lui qui a l'air le plus triste.

Le grand pillage a commencé. On entend des voix dans nos couloirs. Nos portes sont ouvertes. Nos souvenirs deviennent des pièces à conviction. J'imagine la tronche des flics en découvrant les dessins de Luka, le vieux calendrier de l'Avent qui sert maintenant de maison à un scarabée mort, la chambre-jungle de Dean et Lily et les costumes du spectacle qu'on jouera jamais. Est-ce que Marcus a caché d'autres secrets ? J'ai encore *Cry Me a River* dans la tête. Fort Édredon tourne un peu. Je demande de tes nouvelles à

Monsieur Moustache, à la porte, mais il me répond pas. Je lui demande des nouvelles d'Oli et il me répond qu'il n'a aucune sympathie pour les tueurs de flics. En entendant le mot tueur, Bart redouble de larmes et mes frères se mettent à crier. Il faut que je calme tout le monde. Monsieur Moustache est un sale connard.

Ça sent la pisse. Zhou a eu un accident. Lily demande à nos gardes si elle peut l'aider à se changer. Ils haussent les épaules. Ils sont aussi impuissants que nous. On enlève à la petite ses fringues les plus mouillées, le pantalon, les chaussettes. On essaie de les planquer dans un coin éloigné. Ça sent encore. La pièce est trop petite pour nous tous, avec la peur, et la pisse en plus.

Et pour qu'on soit encore plus à l'étroit, voilà trois nouveaux prisonniers. Geena bondit dans les bras d'Eduardo. Bart et les jumeaux se jettent au cou de Dalila. Tu viens t'asseoir près de moi. Tu me touches pas, tu m'embrasses pas. Tu te glisses juste à mes côtés, ton épaule à la hauteur exacte de mon épaule, ta tête si proche que je peux sentir tes boucles sur ma joue. C'est la pire nuit de ma vie mais elle serait pire sans toi.

Agent Foster : Si vous parlez pas, les petits parleront. Alors, plus vous vous taisez, plus on vous gardera longtemps. C'est ça que vous voulez ? Traumatiser des gamins qui n'ont rien demandé ?

Anna : Vous pouvez essayer de me faire passer pour la méchante mais vous ne comprenez rien. Pardon. C'est vrai. Les gamins se sentent plus en sécurité ici que dans leur famille. Les liens du sang, c'est pas une garantie d'amour, vous savez. On parle de gosses battus ou oubliés dans les coins. De gosses privés d'école à cause de la crise. Vous aussi vous seriez venue vivre ici si tout ce qu'on vous offrait dehors c'était le chômage, des dettes ou des placements en centre d'accueil.

Agent Foster : Vous faisiez quoi, ici ?

Anna : On était ensemble.

Elijah

Bien sûr, il n'est pas question de t'embrasser. C'est pas le moment, et même si c'était le moment, tu es menottée. Ton odeur est bizarre mais pas autant que celle de Zhou. Je ne sais pas quoi dire. Je n'ai pas besoin de dire quoi que ce soit. On est dans le même état. On a imaginé cette scène un tas de fois, quand l'hiver était trop froid ou que le sommeil ne venait pas. Ce n'était pas forcément dans Fort Édredon, avec Oli à l'hôpital et Luka en crise mutique. C'était plus spectaculaire. Il y avait des chansons. Des revendications. Une fuite en avant. Après nous le déluge, on pensait. Mais maintenant qu'on y est, à la fin, ça me semble évident qu'on soit là, à attendre tous ensemble, sans savoir ce qui va nous arriver. Ça a toujours été comme ça. De l'improvisation. Ils peuvent bien nous déloger et brûler le lycée tout entier, ça ne changera rien. Ils ne toucheront pas à nos secrets. J'ai longtemps cru que la pire punition serait d'être renvoyé à la vie d'avant. Maintenant, j'ai presque hâte de voir la suite. Parce que c'est peut-être toujours horrible dehors mais nous, on est de mieux en mieux.

Agent Foster : D'où venait l'argent ? Regardez-moi quand je vous parle. L'argent, il vient d'où ?

Luka : De la banque fédérale, non ?

Agent Foster : C'est ça, faites le malin.

Luka : Qu'est-ce que vous voulez que je vous dise ? Nous, nous étions heureux dans l'anonymat de nos révoltes paisibles.

Agent Foster : …

Luka : J'ai l'air pédant quand je dis ça, non ? Dans ma tête, ça sonnait bien…

Agent Foster : Répondez à la question, s'il vous plaît.

Luka : Pourquoi ? Vous croyez vraiment que des gamins qui grattent quelques billets, ce sont des criminels et que vous, vous êtes là pour arrêter les méchants ?

Agent Foster : Eh bien… oui.

Luka : Le vieux monde est mourant. La crise l'a prouvé. Nous, on essayait juste d'en construire un neuf, sur des bases plus saines.

Agent Foster : En tirant sur un policier ?

Luka : Déjà, excusez-moi, hein, mais il faut se demander ce que des policiers armés sont venus faire ici. Est-ce qu'ils sont allés arrêter les compagnies de crédit qui ont ruiné la ville ? Est-ce qu'on est plus dangereux pour Cleveland que tous les autres ? C'est toujours plus facile d'écraser les plus faibles que de s'attaquer aux vrais coupables.

Anna

Quand tu passes ton bras autour de mon épaule, j'entends ton cœur qui bat trop vite. Le mien aussi. Leurs coups se confondent, sous les côtes. On échange tout ce qu'on sait, rapidement, à voix basse. Le peu qu'on sait. Il y a trop d'absents pour qui on n'a aucune histoire à s'échanger.

– Cam ?

Tu jettes un regard vers Luka qui se tient à l'écart et tu secoues la tête. Toi non plus, tu ne sais pas pourquoi elle manque à l'appel.

– Ça craint.

Y a une grande blonde qui entre et, en lettres d'or sur son imper bleu, on peut lire les initiales de la police départementale. Elle bombe le torse comme pour être sûre qu'on lit bien les trois lettres.

– Je suis l'agent Foster, elle annonce. Tout va bien se passer.

Elle a pris une voix toute douce, avec plein de sucre dedans. Elle doit se dire que ça va marcher sur les petits. J'ai hâte qu'elle entende comment mes frangins se parlent entre eux. Elle va oublier rapido sa voix spécial enfants.

– Mon équipe s'active pour retrouver vos parents. Certains sont déjà en route. Mais avant tout, j'ai quelques questions à vous poser. Ce sont de simples entretiens, d'accord ? Pas des interrogatoires. Je veux juste vous voir un par un et essayer de comprendre ce qui s'est passé ici.

Agent Foster : Comme tu le sais, tes parents sont… euh… injoignables pour le moment.

Bart : Ils sont en prison et mon frère est mort. Je sais.

Agent Foster : Je suis désolée, Bart.

Bart : Bartholomew. Bart, c'est pour mes copains.

Agent Foster : Bartholomew…

Bart : Je peux rester avec Anna, alors ? Vu que j'ai pas de famille.

Agent Foster : Heu, non… ce n'est pas… J'ai appelé une assistante sociale. On va te trouver une nouvelle maison. Où tu pourras te faire plein de nouveaux copains. Et à la rentrée, tu pourras retourner à l'école.

Bart : J'ai déjà une maison. J'ai déjà des copains. J'ai déjà une école.

Agent Foster : …

Bart : Je peux vous poser une question moi aussi, madame ?

Agent Foster : Euh… oui.

Bart : C'est quoi votre problème avec la couleur de peau ?

Agent Foster : Pardon ?

Bart : J'ai vu comment les autres policiers, ils ont frappé Marcus en l'emmenant avec eux. Ils sont racistes ?

Agent Foster : Bien sûr que non.

Bart : Ah bon.
Agent Foster : Bien sûr que non.

Elijah

On nous donne à manger. On pourrait protester et ne toucher à rien mais, c'est plus fort que nous, on a faim. Eduardo fait la grimace en mordant dans un sandwich mou et dit qu'il aurait fait mieux que ça. Luka confirme avec un mince sourire. Il est toujours enroulé dans son peignoir, à quelques mètres des autres. Je te laisse avec les jumeaux et m'approche de lui. Je lui demande comment s'est passé son entretien avec Foster.

– Elle a eu l'air de m'adorer.

Je me marre. Il marmonne que ça le dérange pas d'aller en centre de détention. Ça lui laissera le temps de réfléchir. D'enquêter sur le système de l'intérieur.

– Et toi ?

Je ne sais pas quoi répondre. Je pense que quoi qu'il arrive mon père fera figure de carte sortie de prison. Il connaît de bons avocats. L'argent rend libre.

– Si je m'en sors le premier…

– Tu t'en sortiras le premier.

– Je m'en sortirai le premier et je pourrai vous aider.

Je baisse la voix pour être sûr que nos gardiens ne m'entendent pas improviser ce plan.

– Et peut-être qu'après un peu de temps, quand tout ça se sera calmé, on pourra recommencer ailleurs.

– Recommencer quoi, Elijah ?

Je joue avec un morceau de poulet froid que j'ai machinalement extrait des deux tranches de pain de mie. Recommencer quoi, je ne sais pas. Je ne sais même pas ce qu'on a vraiment commencé. Luka a l'air de réfléchir à ce que je viens de dire :

– Dans le *Herald*, j'ai lu que c'était cyclique, les crises. Qu'après celle-là il y en aurait d'autres. Il y en aurait forcément d'autres.

– Et ?

– OK, l'économie est cyclique mais pas ma vie. J'aurais plus jamais dix-sept ans. Ni toi. Ni Anna. Cette crise-là, c'est la nôtre, tu comprends ?

Il s'arrête une seconde.

– Je vais aller rejoindre Cam.

Je ne suis pas sûr de comprendre le rapport, mais ça semble évident pour Luka.

– Elle est partie où ?

Il sourit, ou soupire, peut-être les deux à la fois je ne sais pas bien.

– Tu crois que je devrais prendre ça comme un signe qu'elle ne veut pas que je vienne ?

J'hésite à lui répondre un oui franc : partie sans laisser d'adresse, c'est rarement une bonne nouvelle. Mais je n'ai pas envie qu'il retombe dans l'apathie et je le laisse penser à voix haute.

– Je ne suis pas obligé de la trouver. La chercher, ça me suffira. La chercher, c'est déjà bien.

Il s'enroule de nouveau dans son peignoir :

– C'est un peu comme se battre pour une société nouvelle, en fait.

Cette fois, je fais signe que je ne comprends pas.

– Les adultes nous répètent toujours qu'on rêve, que ça ne va pas changer du tout au tout ni du jour au lendemain… Mais ça peut pas être des raisons suffisantes pour ne rien tenter, tu ne crois pas ? Sinon, le monde est trop triste, la vie est…

La torpeur lui retombe dessus, coupe la fin de la phrase au bord de ses lèvres. Quand ses yeux croisent les miens, il est de nouveau très loin.

Agent Foster : J'avais dit un par un.

Lily : Vous avez peur de nous ?

Dean : Non, c'est pour pas qu'on puisse faire concorder nos versions.

Agent Foster : C'est parce que c'est plus simple, c'est tout. Mais si vous voulez rester tous les deux, eh bien restez.

Dean : Merci. Pendant qu'on y est, vous ne pourriez pas me libérer les mains ?

Agent Foster : Vous êtes les enfants Templeton, c'est ça ? On a déjà prévenu votre père. Il prêchait dans une église d'Akron mais il a dit qu'il se mettait en route.

Lily : Hmm.

Agent Foster : Il ne va pas tarder. Bon. Autant se dépêcher alors. Qu'est-ce que vous pouvez me dire de M. Avery ?

Dean : De qui ?

Agent Foster : Vous allez tous me la faire, celle-là ? Vous vous croyez dans un film ? Vous êtes juste une bande de gamins en train de squatter un lycée ! Personne n'est un gangster. Personne n'est un gros dur.

Lily : Euh... D'accord.

Agent Foster : Alors vous répondez aux questions et vous arrêtez avec vos postures de rebelles.

Dean : OK.

Agent Foster : Je vous écoute.

Lily : Madame, pardon. C'est qui, M. Avery ?

Dean : On ne se fout pas de vous.

Lily : Ici, on n'a jamais utilisé les noms de famille.

Anna

Les premiers parents à arriver, ce sont ceux de Zhou. Ils entrent timidement dans Fort Édredon, accompagnés par un des flics qui a la panoplie complète, celle qui donne un air d'insecte géant. Zhou dort dans un coin du lit géant, ses jambes nues paraissent minuscules. On a pas trouvé d'autre pantalon à lui mettre et la culotte, elle a dû la garder. Sa mère se penche vers elle et elle la secoue tout doucement, en murmurant son prénom. J'essaie de pas regarder. Je t'entends renifler discrètement. Je vois Luka se mordre la lèvre inférieure. Lily et Dean sont avec Foster. Ils pourront pas dire au revoir à Zhou.

Quand elle ouvre les yeux et qu'elle reconnaît le visage de

sa mère, elle pousse un drôle de petit cri joyeux et puis elle se jette à son cou. Son père les rejoint. Ils forment une boule de câlins en plein Fort Édredon, avec l'air de se foutre complètement de la culotte trempée de Zhou et de l'odeur de pisse qui se répand autour d'elle en vaguelettes toxiques. Puis ils se lèvent et ils marchent vers la sortie, en tenant chacun une des mains de la petite fille. C'est à ce moment-là qu'on l'entend. Pour la première fois. Pour la dernière fois. La voix de Zhou. Qui murmure Papa et Maman. LA-VOIX-DE-ZHOU-QUI-PARLE.

– Mais c'est ça ! crie Bog. En fait, sa langue, c'est ses parents qui l'avaient !

Tu éclates de rire. Ça a pas l'air de déranger mon frère qui trépigne d'excitation, sûr d'avoir la clé du mystère. Chris le soutient – Chris le soutient toujours – et déclare qu'il a vu la mère de Zhou sortir la petite langue de sa poche pour la rendre à sa fille. Je suis sûre qu'il l'a vue. Même Monsieur Moustache et son holster à la porte peuvent pas empêcher l'imagination des jumeaux de s'évader. Dans le couloir, Zhou se retourne et nous fait un signe de la main. *One down, eleven to go.*

Agent Foster : Marcus avait volé les clés du lycée, c'est ce que vous dites ?

Lily : J'ai pas dit volé.

Dean : T'aurais mieux fait de rien dire du tout.

Agent Foster : Dean, si vous empêchez votre sœur de parler, je vais vous demander de sortir de la pièce.

Dean : Personne empêche Lily de faire quoi que ce soit.

Lily : Sauf papa.

Dean : Sauf papa…

Lily : Dean…

Dean : Oui, oui, je demande, c'est bon. Euh… Est-ce qu'il y a… ?

Agent Foster : Quoi ?

Dean : Est-ce qu'il y a quelque chose dans la loi qui vous oblige absolument, ab-so-lu-ment, à nous rendre à notre père quand il va arriver ?

Agent Foster : Oui.

Dean : Merde.

Lily : On ne pourrait pas aller… ailleurs ?

Agent Foster : Vous voulez aller où ?

Dean : N'importe où plutôt qu'avec lui.

Quand le révérend Templeton arrive, c'est pas aussi facile qu'avec les parents de Zhou. Monsieur Moustache le laisse passer avec un respect de larbin mais Foster sort aussitôt du bureau du directeur avec une vraie tête de directrice et elle demande au père de Dean et Lily de venir cinq minutes. Au ton de sa voix, on pourrait croire qu'elle le soupçonne de nous avoir fourni en crack et en armes à feu. Ils restent longtemps dedans tous les quatre. Je sais pas ce qu'ils se disent. Une flic, c'est pas une assistante sociale ni une psychologue. C'est pas sûr que Foster ait les bonnes paroles pour s'occuper des familles. Mais ça pourrait marcher aussi. Templeton a l'habitude d'être considéré comme étant au-dessus de tout soupçon. Peut-être qu'elle lui dit juste que c'est plus le cas. *Watch your back, Reverend.* J'en sais rien, je lis rien sur le visage de mes copains quand ils quittent le bureau derrière la grande silhouette de leur père. Ils sortent rapidement de Fort Édredon. Je remarque que Lily porte un des T-shirts de Dalila, celui où on voit une fraise avec des lunettes de soleil. Il lui remonte au nombril. Elle aura pas le droit de s'habiller comme ça dehors. Pourtant elle est belle, avec son ventre rond. Lily, elle déborde. Tous ceux qui cherchent à la contenir sont des cons.

Ta main sur mon épaule serre plus fort. Dans le couloir, Dean et Lily prennent la direction de leur chambre pour aller rassembler leurs affaires. On ne les voit plus mais bientôt, on entend la voix de Lily entonner une des chansons écrites pendant l'Atelier du Bruit.

C'est un endroit sans nom,
où viennent tous les perdus
Si ça avait un nom,
on ne l'a jamais su
Quand on parle ici,
on dit tout simplement
Maison, douce maison,
C'est comme un chuchotement :
Maison
douce maison.

Ta main broie ma clavicule pendant que tu murmures les

paroles en écho. La voix de Lily, c'est presque toi qui l'as découverte. C'est toi qui l'as rendue publique, qui en as fait la voix du Winston High. Et maintenant que notre voix s'en va, on se sent vides.

Foster est restée devant la porte du bureau. Elle nous regarde. Elle a plus l'air trop sûre d'être du côté des gentils tout à coup. Et puis elle se reprend et elle désigne son prochain interlocuteur.

Agent Foster : Vous êtes présent légalement sur le sol des États-Unis d'Amérique ?

Eduardo : C'est vraiment pas sympa de votre part de demander ça d'entrée de jeu. C'est quoi, le problème ? C'est mon nom ? C'est ma figure ?

Agent Foster : Répondez à la question.

Eduardo : C'est mon sombrero ?

Agent Foster : Quoi ? Mais vous n'avez pas de…

Eduardo : Pourquoi vous rougissez ? Vous êtes gênée ?

Agent Foster : Depuis quand est-ce que vous faites partie d'un gang, monsieur Rivera ?

Eduardo : Oh putain… on n'est pas sortis.

La joie de Zhou avait contaminé les petits. La tristesse de Dean et Lily a le même effet. Ça tire la gueule de partout dans Fort Édredon. Bart s'est remis à pleurer en parlant d'Oli et de Marcus. Mes frères le consolent. Mal. Ma migraine qui empire de minute en minute.

Elijah

D'après Foster, les services sociaux viennent pour Bart et Geena, mon père est en route, comme celui de Dalila. Le tien lui a raccroché au nez. On rassemble les petits autour de nous pendant qu'Eduardo se fait cuisiner à côté. Dalila caresse les cheveux de Bart. Tu as un des jumeaux sous chaque bras. Moi je me retrouve avec Geena que je ne connais pas bien. Je le réalise maintenant. Trop tard.

– Ils vont nous séparer, je dis. Mais il ne faut pas que ça vous inquiète. C'est la fin de quelque chose mais c'est aussi un début.

– Le début de quoi? demande Chris.

Des emmerdes.

– De l'été, j'improvise. C'est comme si on partait pour les grandes vacances à la fin d'une année de classe.

– Je veux pas y aller sans vous, bégaie Bart.

– On s'écrira, tu dis.

C'est un mensonge mais il n'y a que toi, moi et Luka qui sommes assez vieux pour le savoir.

– On a eu une année incroyable, je reprends. On a assez de souvenirs pour tenir tout l'été, et même ceux d'après sans jamais se sentir seuls. Je parle pas d'aujourd'hui. Je parle des trucs qu'on a faits tous ensemble. On va sortir d'ici pleins de souvenirs.

– Et je crois qu'on a tous mérité de longues, longues vacances, murmure Luka.

Il a raison. Parce que si cette année a été belle, elle a aussi été interminable. Et compliquée. Et folle. Et même si j'en veux aux policiers d'être venus l'arrêter si brutalement, je vois mal comment on aurait tenu plus longtemps.

– Quand on sortira d'ici, on sait ce qu'on veut faire, nous, dit Chris.

– Grave, dit Bog.

– Ah bon.

– Ouais. On sera présidents des États-Unis.

– Tous les deux ?

– Ouais. On voulait le dire pendant l'atelier de demain mais bon…

– Chris, il avait fait une affiche.

– Je suis sûr que les policiers l'ont volée.

– Elle devait être très réussie.

– Ben ouais. Tu peux en être aussi, si tu veux, Elijah. Un président, ça a besoin de conseillers.

– Deux présidents, ça a besoin d'encore plus de conseillers.

– Tu peux venir aussi, Luka.

– Et toi, Nana, tu seras notre Première Dame.

Tu murmures avec un petit sourire que ça ne marche pas comme ça, pas exactement.

– Et puis, Première Dame, c'est vraiment un truc de planqué. Moi je veux un vrai poste.

– Tu seras ministre.

– Ou général.

– Et moi ? demande Bart.

– On aura des chambres d'amis, répond Bog. Pour tout le monde.

– Ce sera un peu comme ici.

– Mais les policiers, ils travailleront pour nous.

– Et nous, on leur dira : Libérez Oli, et Shark et Marcus !

Bart paraît se réveiller un peu :

– Et si on est présidents, on pourra aussi dire aux soldats d'arrêter les guerres.

Tes frères n'ont pas l'air choqués que leur présidence à deux têtes vienne de s'élargir à Bart. Ils continuent à dérouler leur programme.

– On va faire des ateliers partout, avec tous les enfants du pays.

– Et ils pourront venir à la Maison-Blanche pour faire des spectacles à la fin.

– On va interdire le racisme.

– Et les guerres.

– Mais ça, tu l'as déjà dit, Bart. T'es chiant.

– Vous allez mettre fin à la propriété privée ? suggère Luka.

Les petits assurent que oui, même s'ils sont les premiers à péter les plombs quand on leur pique un stylo. On les laisse délirer presque gaiement. C'est pas tous les jours que c'est leur tour de nous raconter une histoire.

Anna

Eduardo sort du bureau. Foster est derrière lui, sa chevelure blonde de moins en moins bien tirée en arrière. Foster, elle a pris dix ans en quelques heures. Elle va dire quelque chose mais son téléphone sonne. Elle répond en nous tournant le dos. On l'entend enchaîner des réponses courtes. Rien qui permette de savoir à qui elle parle. Tu te demandes sûrement si c'est ton père. Je me demande si c'est le mien. Eduardo s'assied avec nous, entre Luka et Dalila.

– Comment ça va, la garderie ?

Il sait pas qu'il parle peut-être aux futurs présidents des États-Unis.

– Ça va. Toi ?

– Nickel. Je suis bon pour le poste, d'après Foster.

– Merde.

Plus la force d'avoir de vraies conversations. Je ne sais pas quelle heure il est mais c'est l'heure qu'on en finisse. Foster pose son téléphone :

– Je viens d'avoir mes collègues à l'hôpital. Oliver est hors de danger.

Luka pousse un hurlement d'Indien dont je l'aurais jamais cru capable. Tu sursautes. Je me mets à rire. C'est la plus belle phrase du monde. J'avais jamais pensé à ça avant. Quand je l'entendais dans les séries médicales, je me disais que c'était un truc habituel de docteurs. Il est hors de danger. En vrai, y a rien de mieux qui puisse arriver à quelqu'un. Je voudrais que ce soit pareil pour nous tous. Je voudrais que ça dure toujours, être hors de danger. D'un coup, ça lâche à l'intérieur de moi. C'est comme un barrage qui saute. Les larmes, les sanglots, tout arrive.

Tu me prends dans tes bras. Toi, la phrase te fait un autre effet. Tu as un sourire énorme, malgré la fatigue. Tes yeux viennent de reprendre deux teintes de clair sur le nuancier du bleu. Les petits crient et tapent des pieds. Même Foster a l'air contente.

Le calme revient mais je reste dans tes bras. Je voudrais dormir. C'est épuisant, les larmes. J'ai raison de pas les laisser monter trop souvent. Chris et Bog se pelotonnent contre moi, puis Bart et Geena contre eux. En quelques secondes, tu deviens le chef d'une tribu ensommeillée.

– Ça va aller, tu murmures.

– Eux ou nous ?

– Nous.

Ça me fait du bien d'entendre ce mot-là. J'ai peur de plus l'entendre dehors. Ou de l'entendre sans qu'il ait de sens. Ici, on a vraiment été un nous, parfois un nous minuscule dans le nous, un nous secret dans le nous de tous les autres mêlés, comme les poupées russes.

– Nous, ça va toujours.

– Ah bon.

– Bien sûr.

– Elijah…

– Hmm ?

– Y a Foster qui te fait signe.

– J'y vais. Tu veux que je te donne un oreiller ?

– Pour te remplacer ?

– Exactement.

– Oui.

Elijah

Sur la montre de Foster, il est quatre heures du matin. Elle me pose des questions mais je vois bien qu'elle a hâte de rentrer chez elle. Elle a une alliance. Peut-être des enfants qu'elle va devoir emmener à l'école. Il y a toute une vie dehors. Ça me fout des frissons. Elle nous sert un café et me demande où j'étais pendant les coups de feu. J'ai du mal à me concentrer moi aussi. Je repense à la première fois où je suis entré dans ce bureau. C'était au tout début. Tu étais assise à la place de Foster et tu m'avais donné un ultimatum : soit je partais, soit on commençait à travailler ensemble. Je suis heureux d'être resté.

– Elijah, concentrez-vous, on a bientôt terminé.

– Oui, désolé, je… C'était quoi la question ?

– La drogue. Avez-vous été témoin d'une consommation de drogue durant…

– Elijah, ne dis pas un mot de plus !

J'ai reconnu les boucles grises, la barbe de trois jours qui rongeaient des joues bouffies par le divorce.

– Mon fils ne vous répondra pas tant qu'un avocat ne sera pas présent. Vous n'avez aucun droit de le garder ici…

– Monsieur Feldman, comme je vous l'ai dit au téléphone, je…

Il aurait pu me prendre dans ses bras ou me demander comment j'allais mais c'est plus fort que lui, mon père adore faire un scandale. Ce qu'il pouvait me faire honte quand il se mettait dans ces états. Comme la fois où je m'étais foulé la cheville en cours de sport et qu'il avait menacé le prof d'un procès. La pauvre Foster se prend en pleine tronche tout le vague savoir juridique qu'il a accumulé en regardant la télé.

Il m'a presque manqué.

– Va chercher tes affaires, Eli, on s'en va.

Eli. Ça fait longtemps que j'ai pas entendu quelqu'un m'appeler comme ça. Tu ne m'as jamais appelé comme ça. À choisir, je préfère Bouclette. Si ma mère était arrivée la première, c'est sûrement le premier truc qu'elle aurait remarqué : mes cheveux trop longs, les taches sur ma chemise et les trous dans mes chaussettes. Ça m'énerve de l'avouer mais elle me manque aussi. C'est bien de changer mais c'est bien aussi de savoir que certaines choses ne changent pas.

Il y a de la paperasse à remplir, l'activité préférée de mon père. Pendant qu'il s'en donne à cœur joie, Foster accepte de me laisser vous dire au revoir. Monsieur Moustache m'ouvre la porte de Fort Édredon. Tu dors contre l'oreiller que tu serres fort. Dalila me sourit. Luka porte une main à sa tempe, un adieu de frère d'armes. Je lui renvoie son salut. Je ne te réveille pas. Tu as l'air sereine.

Anna

Je cours à travers les allées du Garfield Park. Les jumeaux ont du mal à me suivre. On finit par se planquer sous le petit pont en pierre, près des chutes d'eau. Chris a peur. Pour le rassurer, je retrouve une vieille mélodie.

Mourir, pourrir, c'est quoi le pire ?

Soudain, j'aperçois la créature. Elle boit tranquillement dans le ruisseau. Personne ne va me croire mais je sais que c'est elle. Dans ses yeux, je vois qu'elle me reconnaît et, dans les miens, elle voit que je lui ferai aucun mal.

Mourir, pourrir,

T'as nulle part où courir.

Un coup de feu. La biche disparaît en laissant sur l'herbe une tache de sang.

J'ouvre les yeux. Une couverture s'est décrochée du plafond. Ford Édredon s'écroule. Les jumeaux sont endormis autour de Dalila. Geena a disparu. Eduardo aussi. J'ai froid. J'enfile le peignoir de Luka. Tu n'es pas revenu de ton interrogatoire.

Dans ma poche, je trouve la boussole.
Elle indique l'Ouest. Le Pacifique.

Tu ne reviendras pas.

Elijah

– Tu as quelque chose à dire pour ta défense ?

– Seulement en présence d'un avocat.

Mon père m'ébouriffe les cheveux et pose une main sur mon épaule. On dirait presque qu'il est content de me revoir. Il y aura un temps pour les explications. Pour l'instant, il veut m'inviter à petit-déjeuner. Dans le couloir, on croise des policiers en train de boire un café et d'échanger des plaisanteries. Devant l'entrée principale, des journalistes sont en pleine discussion avec des politiciens. Face à tant de violence, l'adjoint Bishop assure aux micros qu'*un Cleveland nouveau et sécurisé doit être la priorité*. Près du potager, quelques manifestants agitent des pancartes. OUVREZ DES ÉCOLES, FERMEZ DES PRISONS.

Mon père a échangé sa décapotable contre une voiture d'occasion. J'oublie d'attacher ma ceinture. J'ai perdu mes réflexes. On démarre juste au moment où des caméras s'approchent. Le soleil se lève et colore le ciel de bleu jaune rose. Dans l'autoradio, on nous annonce que la journée sera douce. J'aimerais regarder le Winston High devenir un point à l'horizon mais le rétroviseur est cassé.

NEWS HERALD – 2 mai 2009

Un policier blessé dans un affrontement au Slavic Village, le bâtiment encerclé

« Il ne s'agissait que d'une opération de routine », explique le chef O'Toole de la salle d'attente des urgences où l'un de ses hommes, l'officier Colton H. Wyatt, est hospitalisé. Ce jeune policier de vingt-six ans, père d'une petite fille, a été grièvement blessé alors qu'avec deux collègues il escortait une équipe d'agents municipaux venus inspecter les locaux d'un ancien lycée, situé au cœur du Slavic Village. D'après l'adjoint au maire John Bishop, candidat aux municipales venu apporter son soutien aux proches de la victime, *« le Winston High était sur la liste des bâtiments à réhabiliter d'urgence. Une source nous avait indiqué la présence de squatteurs mais nous étions loin de nous douter qu'ils étaient si nombreux et si dangereux »*.

L'incident a eu lieu en début de soirée alors que Wyatt patrouillait dans une salle du rez-de-chaussée, là où, quelques années plus tôt, lycéens et professeurs peuplaient encore les couloirs de cette bâtisse vieille d'un siècle. *« Nous n'avions rien remarqué d'alarmant* », raconte le lieutenant Bill McCullough qui, au moment du drame, était déjà remonté dans son véhicule. *« Seulement quelques signes de vie mais rien qui ne laissait présager une telle embuscade. »* Selon ses déclarations, Wyatt était à peine entré dans la pièce qu'il a reçu une balle dans l'épaule. Alertés par le bruit, ses collègues sont aussitôt intervenus et ont interpellé les deux suspects, actuellement détenus et interrogés au commissariat de Garfield Heights. L'un d'entre eux est un Afro-Américain d'une vingtaine d'années. Originaire de Chicago, Marcus Avery possède déjà un casier judiciaire suite à différentes infractions et risque plusieurs années de prison pour possession illégale d'arme. Son complice est un adolescent ayant grandi dans le Slavic Village et qui, suite à une fugue non déclarée il y a un an, s'était réfugié dans le Winston High. Blessé dans la riposte, il a repris conscience il y a quelques heures et les médecins l'ont déclaré hors de danger. *« C'est un gamin sans repères, désorienté, plaide maître Jenkins, son avocate commise d'office. L'enquête nous permettra d'en savoir plus sur le déroulement précis du drame et notamment de déterminer qui, d'un adolescent paniqué ou d'un policier supposément entraîné à de telles situations, a fait feu en premier. »*

Helen Weaver est la porte-parole du mouvement « Justice pour Cleveland » qui lutte contre les discriminations et les violences policières. Entourée d'une vingtaine de militants, elle compte s'opposer à la restructuration de son quartier. « *L'objectif de la municipalité est d'attirer une nouvelle population et, en faisant monter le prix des loyers, de se débarrasser de nos concitoyens les plus démunis, revendique-t-elle. C'est leur façon de faire le ménage.* » Le Winston High est donc en passe de devenir le symbole de cette opposition. « *On a un Afro-Américain dans le coma, des agents avec une définition très large de la légitime défense,* résume Weaver, lors du sit-in improvisé devant le poste de police. *Tant que l'enquête ne sera pas menée objectivement et que la reconstruction du quartier ne sera pas négociée directement avec ses occupants, on tiendra bon.* »

Le maire Frank Jackson promet que les squatteurs seront traités avec justice et compassion. Dans un communiqué de presse, il annonce que le projet de destruction du Winston High, programmé à l'automne, vient d'être accéléré.

4
Juillet

Les grandes vacances, gamine, ça me rendait malade.

Les autres voyaient ça comme une promesse. Pour moi, c'était une punition.

Deux mois à pas avoir l'école pour me tenir loin des parents. Deux mois à chercher des combines pour les éviter. Les petits boulots par exemple : vendeuse, livreuse, serveuse, etc. Je devais porter des uniformes débiles avec mon prénom sur un badge pour que tout le monde me parle comme à une petite chose familière. Et à la fin, mes vieux confisquaient mes pourboires pour payer les fringues des jumeaux ou les soins de ma grand-mère.

Plus il faisait chaud, plus les mecs du quartier devenaient tarés. Ça se voyait dans leurs yeux, il y avait un truc qui s'allumait. C'est la peau qui leur faisait ça, d'en voir partout. Ils nous sifflaient, nous arrêtaient, essayaient de nous charmer, et quand ça marchait pas, ils suppliaient et quand ça marchait pas, ils ordonnaient. L'été, c'est pire pour les filles.

Au Slavic Village, l'été puait le barbecue. Il y en avait tous les soirs. Burgers, saucisses, bacon, épis de maïs. Quand on ouvrait le frigo, il n'y avait que de la barbaque, rose et molle dans des barquettes blanches qui couinaient quand on les frottait l'une contre l'autre. Il y avait même des compètes entre des hommes torse nu, aux bides énormes au-dessus de leurs shorts de couleur. Les femmes faisaient des tartes et des gâteaux que seuls les enfants mangeaient parce que, pour les adultes, tout était affaire de viande et de picole. Mais les tartes et les gâteaux, c'était leur manière à elles de se faire aussi la compétition. Combien de fois je les ai entendues glousser cette phrase stupide : *le plus court chemin vers le cœur d'un homme passe par son estomac*. J'y allais quand j'étais obligée. Je restais dans un coin pour faire une danse de la pluie.

L'été, c'était le moment du tri dans les placards : jeter ou donner ce qui était trop petit, réaliser que tous les vêtements l'étaient devenus, trembler à l'idée du fric que ça allait coûter de tout racheter.

L'été, c'était la piscine avec Chris et Bog. Les cris des gamins, la pisse, le chlore, les mecs aux yeux fous (ils étaient partout), la crème solaire dégueu à la surface de l'eau. Le bus pour y aller, le bus pour revenir, si lent que le trajet retour te ruinait toute sensation de fraîcheur.

L'été, c'était les quelques privilégiés qui partaient. Jamais loin. Toujours dans la famille. Mais quand même, ils partaient.

Non, vraiment, l'été, c'était une grosse perte de temps.

Si j'avais été un animal, j'aurais pas hiberné, j'aurais dormi tout juillet-août.

Cette année, les grandes vacances sont encore plus grandes puisqu'elles ont commencé au mois de mai. Quand je suis sortie de garde à vue, mes vieux ont hurlé, chialé et m'ont insultée, comme si j'avais kidnappé mes frangins pour leur laver le cerveau. En fait, ce qui les emmerdait le plus, c'était de devoir rembourser les dégradations de biens publics. Pas question de dépenser un centime pour mes *fugues de petite merdeuse.* Ils ont été bien contents quand ton père et le Comité des parents ont réglé la facture. Mais ils m'ont quand même obligée à reprendre un petit boulot. Pour me punir et m'apprendre *la valeur des choses.* J'ai été embauchée au Arby's de Chester Avenue et, depuis deux mois, je passe mes journées à gratter la graisse collée sur le gril. Maintenant, c'est moi qui pue le barbecue. Pendant mes pauses, je m'accroupis à l'ombre sur le parking. Je rallume des mégots trouvés par terre et je pense à toi. J'essaie d'imaginer l'appartement de ta tante à New York. Je me demande s'il fait aussi chaud là-bas et si oui, comment tu t'habilles et est-ce que ton odeur est la même qu'en hiver. Parfois, je m'arrête au cybercafé après le boulot pour me connecter sur Facebook. Voir si tu es là. On dirait que tu as douze ans sur ta photo de profil. Tu me manques tous les jours.

Ce matin, ils ont détruit le Winston High.

Je m'étais juré de pas y aller mais j'y suis allée.

Ma mère a pas voulu que j'amène les jumeaux. Elle les lâche plus. Elle réapprend à être mère juste pour me montrer que j'ai pas su m'y prendre.

Bêtement, je m'étais attendue à voir plus de monde. Dean et Lily étaient là, cachés derrière le révérend qui faisait clairement barrage entre ses gamins et nous. J'ai pas osé m'approcher. Dalila était là aussi. Elle avait retrouvé Sophia. J'ai souri quand elle m'a annoncé ça, mon premier sourire depuis longtemps, et puis elle m'a dit que Bart avait été placé dans une famille qu'elle connaissait un peu, qu'ils étaient hyper durs et là j'ai plus souri du tout. Elle m'a demandé si j'allais te revoir. J'ai dit que j'en savais rien. J'en savais rien. On a regardé les boules, les chenilles et les pelles géantes. Ils ont percé le toit. Fait tomber les murs. J'avais pas imaginé que ça ferait tant de bruit. Que ce serait si long. J'avais des images de bâtiments soufflés par des explosions comme on en voit aux infos. Mais les machines étaient lentes et le lycée est tombé petit bout par petit bout.

Je suis partie avant la fin.

À la fin de mon service, j'ai sauté dans le bus. Installée sur la banquette du fond, j'ai collé ma tête à la fenêtre encore brûlante. Mon T-shirt me collait au dos. À l'intersection de la 55e Rue, un gars déguisé en Oncle Sam refourguait des ventilos de contrefaçon. Encore une combine des Pèlerins, j'ai pensé. Les drapeaux américains décoraient Euclid

Avenue. J'ai cru apercevoir Oli et Shark en train de fouiller une poubelle. Broadway Avenue était au ralenti. On aurait dit que la poussière des ruines du Winston avait paralysé le quartier. L'épicerie du père de Luka était à vendre. Mes parents faisaient un barbecue chez leurs anciens voisins. Mon père était déjà bourré. Dans un terrain vague, mes frères et leurs amis venaient d'ouvrir une bouche d'incendie. Le jet d'eau montait à plusieurs mètres et redescendait en pluie fine sur les trottoirs. La lumière du soir traversait les gouttes pour se transformer en arc-en-ciel. J'ai rejoint Chris et Bog et ensemble, on s'est jetés en hurlant sous la flotte. Le feu d'artifice a commencé. On fêtait notre indépendance. Je me suis dit que toi aussi, quelque part, tu regardais le ciel multicolore. J'étais heureuse de savoir ta tête en l'air.

J'ai allumé un pétard et j'ai regardé la mèche brûler au milieu des étincelles.

Cet ouvrage a été achevé d'imprimer
sur Roto-Page
par l'Imprimerie Floch à Mayenne
en avril 2019